숲의 기록

춤의 기록

초판 1쇄 인쇄일 2021년 12월 22일
초판 1쇄 발행일 2021년 12월 30일

지은이 김광범
펴낸이 양옥매
교   정 조준경
모   델 변호윤 권지율

펴낸곳 도서출판 책과나무
출판등록 제2012-000376
주소 서울특별시 마포구 방울내로 79 이노빌딩 302호
대표전화 02.372.1537   팩스 02.372.1538
이메일 booknamu2007@naver.com
홈페이지 www.booknamu.com
ISBN 979-11-6752-070-8 (03680)

* 후원: 유인촌공연예술연구기금 지원.
* 후원기관: 서울특별시, 서울문화재단.

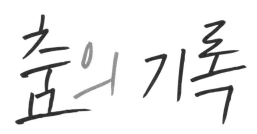

춤의 기록

지은이 · **김광범**

역사와 문화 속에 광범위한 형태로 새겨진 다양한 춤의 기록

이 책을 읽으실 독자들은 이 책이 무용 학문에 새로운 영감과 춤에 대한 상상의 가능성을 제시해 줄 서적임을 알 수 있을 것입니다. 예술 작품에 대해서 이야기할 때 우리는 새로운 것을 일컬어 "창작"이라고 말합니다. 이러한 창작을 기록하고 작품의 완성을 문서화하여 구체화하는 것을 기록법이라 할 수 있습니다.

학문에서 기록법이란 사적(史的) 흐름을 통해, 과거, 현재, 미래를 조망할 수 있는 유일한 방법입니다. 역사를 배운다는 것은 단순히 기록을 암기하는 것이 아니라 종합적 분석과 고찰을 바탕으로 해석하는 것입니다. 이 책에서 역사 속 무용가들의 숱한 경험과 시간의 축적으로 이루어진 무용에 관한 다양한 기록법을 확인할 수 있을 것입니다.

오늘날 급속도로 변화하고 있는 시대에 무용이 앞으로 또 어떻게 변화하게 될지 알 수 없으나, 무용이 새로운 시대에 발맞추어 학문으로서 견고하게 자리 굳혀야 하는 것은 무용인들에게 영원한 연구 과제라고 할 수 있습니다.

다양한 춤의 학문적 연구를 담은 《춤을 기록하다》는 김광범 박사가 그간의 탄탄한 실기를 바탕으로 대학에서 20년 이상 교육자로서 수행해 온 연구 경험을 고스란히 담고 있으며, 국가별 춤의 기록부터 현대춤의 기록까지 이 안에 잘 제시되고 있습니다. 이에 이 책은 무용인에게는 학문 연구에 도움이 되고 일반인들에게는 춤에 대한 관심을 불러일으키는 반가운 도서가 되어 줄 거라 믿어 의심치 않습니다.

앞으로도 그가 대한민국 무용 발전에 기여할 수 있는 무용가로 성장하길 기원하며, 진심 어린 응원의 박수를 보냅니다.

세종대학교 학생지원처장 이학박사 강 유원 교수

서문

인간은 태어날 때부터 생명력을 지닌 움직임을 지니고 있다. 이에 우리는 움직이려는 충동을 원초적으로 가지고 있다고 할 수 있다. 사람들은 언제부터 춤을 추어 왔냐고 묻는 질문에 어떤 이들은 어머니의 배 속에서부터 추어 왔다고 한다. 그러므로 인간은 태생부터 팔과 다리를 자유롭게 흔들었다고 볼 수 있다.

이러한 움직임에 대한 인간의 충동은 원시 시대에는 소꼬리, 나뭇가지, 나뭇잎 등의 도구를 자연에서 얻어 손에 들고 춤을 추는 것으로 나타났다. 도구를 사용한 자발적인 참여인 춤의 시작인 것이다. 그것의 증거는 라스코 동굴, 알베르 벽화, 페산벽화, 트로어플레어벽화[1] 등에서 살펴볼 수 있다. 동굴벽화의 수많은 그림들은 삶의 기억에 대한 표상의 형상화의 놀이로 새겨졌다. 그 외에도 원시에는 주술적인 의식이 어느 정도 내포되어 있다.

---

[1] 제르멘드 프레뒤모, 양선희역, 『무용의 역사』, 삼신각, 1990, p69.

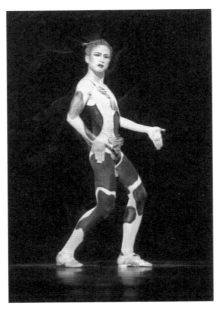

〈목신의 오후〉 목신 역 김광범

고대 시대에 접어들면서 춤은 놀이보다는 종교 의식으로서 깊게 자리 잡게 된다. 춤은 개인이건 집단이건 초자연적인 신과 관련된 것으로 의미 있는 활동이 된다. 그러면서 인간은 신에 대한 관계를 통해 자유로이 몸의 움직임을 펼치는 일이 더욱 가능해졌다. 반면 이것은 신이 인간에게 부여한 의지에 의해 움직이는 것으로 여겨지기도 했다. 이 시대에는 제단이 세워지면서 제사장들이 그것을 수행하는 역할로 자리 잡게 된다. 그들은 삶의 중요한 인물이 되었다. 그 외에 축제에서 추어지는 춤은 자연과 동물들을 모방하였다. 이러한 흔적은 그들 삶의 생활 속에 항아리, 토기, 옹기, 접시 등에 새겨졌다.

중세 시대에는 종교의 세기라고 해도 과언이 아니다. 이 시기는 기독교 문명인 신 중심의 사회였다. 하지만 중세의 춤 하면 가장 먼저 떠오르는 것은 '죽음의 무도'이다. 죽음으로부터 벗어나기 위해 미친 듯이 춤을 추었다고 전한다. 이는 중세 시대의 기아, 전쟁, 전염병으로 인한 죽음의 공포라는 사회적 열악한 여건에 기인한다.[2] 중세의 강력한 기독교적 힘의 사회는 춤을 사악하고 나쁜 것으로 인식하여 기록하였다. 춤에 광적인 사람들의 경향은 11세기부터 14세기에 걸쳐 유럽에서 유행하였다.[3] 그러면서도 앞서 언급했듯이 중세는 모든 문화 속에서 기독교가 중심이 되어 구원 세력으로 등장하여 종교무용이 발전기를 이룬 시기이기도 하다.

이 책에서는 고대에서 중세를 지나 16세기 르네상스를 거쳐 바로크와 로코코 시대에 생겨난 사교무용을 살펴보고, 중국 동바족의 춤, 한국의 민속춤 농악, 그리고 남북한으로 갈라지면서 엿보는 북한의 춤, 현대의 예술춤과 사교춤의 기록법을 살펴보려 한다. 이를 통해 역사와 문화 속에 광범위한 형태로 새겨진 춤의 다양한 기록을 만나 보자.

---

2 송종건, 『무용학원론』, 금광, 1998, p25.
3 김말복, 『무용예술의 이해』, 이화대학교출판문화원, 2003, p71.

• 제1장 •

국가별
춤의 기록

Carolina and Charlotte Frederic, aged 9 and 7, in "Pygmalion." Amsterdam, 1758

피그말리온, 사랑에서 영감을 받은 이미지(1758)

1

이탈리아·프랑스 표기법

춤은 공작이 날개를 활짝 우아하게 펼치듯, 수사자가 갈기의 아름다움을 뽐내며 위엄 있게 걸어 보이는 듯, 여러 몸짓으로 우리와 함께 머물러 왔다. 이러한 춤은 삶을 풍요롭고 윤택하게 만들며 인간 생활에서 아름다움을 가꾸어 낸다. 이로써 춤은 우리 삶에 때론 구애의 수단으로, 치료의 수단으로, 대중의 연희로서, 사교 활동으로서 다양한 모습으로 이어져 내려왔다.

또한 춤은 인간의 영혼의 육성을 위한 도구로서 사용되기도 했다. 플라톤에 의하면 춤의 리듬과 조화는 영혼에 잘 스며들어 예의 바름과 올바르게 행동하는 사람을 만드는 데 강하게 영향을 미친다고 하

춤추는 두 농부(알브레히트 뒤러, 1514)

였다.[4] 반면에 춤을 추지 못하는 사람은 '아코루투스(achoreutos)' 라
고 하여 교육을 받지 않는 사람을 의미했다.

춤은 강력한 종교체제가 잡힌 중세에서 어려운 시기를 보내기도 했
다. 기독교적 힘이 크게 존재한 가운데 춤은 사악하고 나쁜 것으로 인

---

4 Platon the laws 664c-665a

식되었고 교회는 춤추는 것을 금지하였다. 하지만 예배를 드리는 군중들은 성가를 펴고 걸으며 행렬을 지어 움직였고 합창에 무용을 포함시켰다. 이는 현재까지 발전하고 추어지는 예배무용으로 기록되어 있다.

15세기 중반에 르네상스에 이르면서 싹트기 시작한 귀족과 부유한 중산층은 무도회장에서 커플을 이루며 춤의 발걸음과 움직임을 만들어 냈다. 러닝(Rurnly), 바세(Basse)는 종교 안에서 이루어졌는데 바세의 움직임은 마루에서 거의 발을 떼지 않고 움직이는 동작으로 교회 안 내부에서 추는 데 적합했다.[5] 성스테파노의 춤인 성요한 춤의 경우, 자유로운 대형으로 이루어진다는 점이 특징적이다. 이 춤은 예술 공연 축일에 많은 시민들에 의해 추어졌고 '코러스'라는 합창과 무용을 포함하는 춤도 추었다. 그 외에 원을 이루는 '카롤'의 행렬무용도 추어졌다.

유럽의 농촌 지역에서 마을 사람들이 추었던 서민 춤은 소용돌이치는 춤사위와 발 구르기 춤이 많고 심지어 껴안고 추는 춤이 많았다. 그러나 기독교는 이를 노골적으로 금하기보다 옛 축제를 존중하며 기독교의 행사라는 명칭을 붙여 유지할 수 있게 허락하기도 했다. 다만 사순절의 회개의 시기에 열린 사육제에서는 불순하다고 여긴 춤을 금지했다.

15세기 초부터 댄스마스터들이 등장하기 시작한다. 대표적인 인물

5 박경숙, 이찬주, 『무용제작법』, 공주대학교 출판부, 2009, p11.

궁정춤(좌, 우)

로는 도메니코 피아첸차(Domenico)와 구글리엘모(Guglielmo)가 있다. 이들은 신체의 움직임과 발걸음을 춤에 담아내며 당시의 세련된 스타일을 만들어 냈다.

　귀족들의 무도회는 마루가 깔린 댄스 플로어가 있는 곳에서 열렸다. 독일 프랑크푸르트 궁정무용은 기사 생활의 일부로서 행해지며 기사의 자태를 뽐내는 여러 가지 자세와 멋 부리기를 강조한 춤이 두드러졌다. 더불어 당시에 귀족들은 집 안에 상주하는 무용교사를 고용하여 사교무용을 배우기도 했다.

　그 당시 춤에는 오우트 당스와 바스당스가 있었는데, 오우트 당스는 '발리' 나 '발라레' 로 불렸고, 바스당스는 발을 땅에서 떼지 않은 채로 추는 춤으로 단순스텝, 더블스텝, 후진스텝, 그리고 제자리에서 오른발, 왼발에 옮겨 가며 체중을 실으면서 제자리걸음 하는 스텝으로 이루어졌다.

이 시기에는 피버, 살타렐로, 칼라타(calata)라는 춤이 들어왔다. 무용조곡은 파반느(Pavane), 갈리아드(Galliarde), 알라망드(Allamande), 쿠랑드(Courante), 사라방드(Sarabande), 지그(Gigue) 같은 춤이 있다.[6]

댄스마스터들은 이탈리아어로 '춤추다' 라는 뜻을 지닌 '발라레'를 프랑스로 옮겨 오면서 발레의 기초를 만들었다. 1573년 제작된 발레 데 프로네즈(Ballet des polonais)는 발레의 형식을 보여 주는 대표적인 예이다.

그리고 귀족과 평민이 무도회에서 추었던 '당스 드 발(danses de bal)' 과 무대를 만들며 춤을 올린 '당스 드 떼아트르(danses de theatre)' 로 나뉘었다. 당스 드 떼아트르는 '앙드레 드 발레(entree de ballet)' 라고 불리며 발레라는 예술 장르로 점차 형성해 갔다.

---

6 조앤카스, 김말복 역, 『역사 속의 춤』, 이화여대출판부, 1998, p80~90.

악보와 춤추는 2인무

악보와 춤추는 2인무

국가별 춤의 기록

악보와 춤추는 2인무

악보와 춤추는 2인무

국가별 춤의 기록

16세기에 첫 무보법은 토이노 아르보에 의해 만들어졌다. 두 번째 탄생한 무보법이 우리에게 익히 친숙한 보샹 훼이예 무보법이다.

악보와 춤추는 2인무

악보와 춤추는 2인무

악보와 춤추는 2인무

부레의 춤추는 2인무

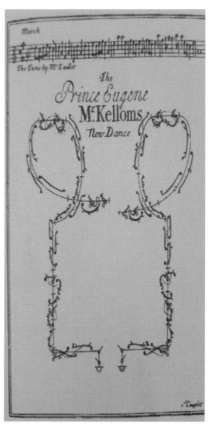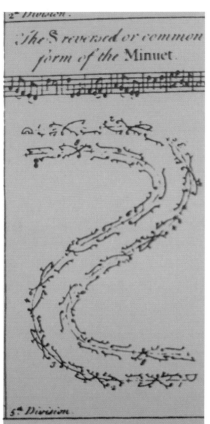

훼이예—무용교본(1704)(좌, 우)

훼이예—무용교본(1704)(좌, 우)

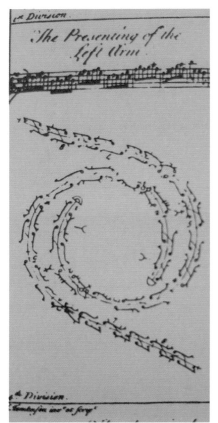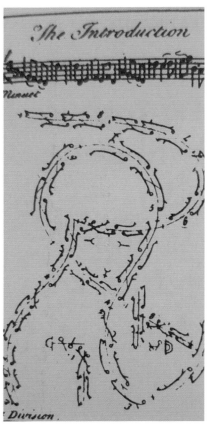

휘이예-무용교본(1704)(좌, 우)

발레 하면 가장 먼저 루이 14세를 떠올릴 수 있다. 영화 〈왕의 춤〉에서도 나오듯이 그는 섭정정치 속에서 어린 시절을 보냈고 춤을 유독 좋아하여 이탈리아에서 들어온 발라레 (Ballare: 춤추다)를 가지고 발레라는 예술 장르를 만들어 냈다. 춤이 자신의 일부였던 루이 14세는 궁정발레를 통치 수단으로 사용하여 군주와

밤의 발레(루이 14세)

절대왕권의 찬양 주제를 나타냈다. 훗날 그는 '태양왕'으로 불리게 된다. 춤의 예술성을 높이려는 그의 노력으로 무도회의 사교춤은 보다 전문성을 갖춘 춤으로 거듭난다.

루이 14세가 발레 형식을 완성하는 데 깊이 관여한 인물은 륄리와 피에르 보샹이다.[7] 륄리는 이탈리아인으로 프랑스로 건너와 루이 14세의 스승으로 활동했다. 또한 피에르 보샹은 루이 14세가 만든 왕립무용 아카데미의 교장직을 맡아 활약하였다.

---

7 수잔오, 김재현 역, 『서양춤예술의 역사』, 이론과실천, 1990, p155.

룰리

쌩 제르멩 숲속 요정들의 발레(1625)

비쎄트르성의 발레(1632)

비쎄트르성의 발레(1632)

담배(1650)

발레 박커스의 축제(1651)

밤의 발레(1653)

그는 루이 14세의 댄스 마스터가 되어 20년 동안 가르쳤고 왕으로부터 지대한 후원을 받았다. 그는 이탈리아에서 전해진 발레의 기초 발 자세 5가지 형태를 확고히 하였다.

1번 포지션

1번 포지션(쁠리에)

2번 포지션   3번 포지션(쁠리에)

4번 포지션   5번 포지션

릴리와 보상과 함께한 루이 14세는 발레 속에서 군주로서의 위엄과 자신의 유일무이한 존재를 춤으로써 각인시켰다.

프랑스에 발레(Ballet)를 사랑한 루이 14세가 있다면, 영국에는 볼타 (Valta)를 즐겨 춘 엘리자베스 1세가 있다. 볼타는 영국 여왕 엘리자베스 1세가 애호하던 춤이다. 그녀가 가장 애호하던 볼타는 16~17세기 유행했던 춤으로, 경쾌하고 활달한 동작들로 구성된 것이 특징이다.

볼타 음악의 다섯 번째 박자에서 남성이 여성을 높이 드는 장면이 있는데 듀엣의 가장 정열적인 모습을 볼 수 있는 부분이다. 영화〈엘리자베스(Elizabeth)〉를 보면 엘리자베스가 로버트 더블리와 볼타춤을 추는 장면이 나온다.[8]

이러한 궁정춤이 춤 스텝의 용어, 음악의 여러 변화 등 기술적인 발전을 거듭하면서 15~16세기 르네상스 시기를 거쳐 첫 무모법인 토이노 아르보에 이어 만들어진다. 1589년 프랑스에서 토이노 아르보(Thoinot Arbeau, 1519~1596)가 제작한 〈오르케소그라피(Orchésographie)〉는 춤동작의 명칭과 자세들을 그림으로 기록한 최초의 무용기록법이다. 그가 만든 〈훼이예 무보법〉이 보상과 함께 만들었다는 것이 알려지면서 후에 〈보상 훼이예 무보법(Beauchamp-Feuillet notation)〉으로 고쳐 부르게 되었다. 이 기록물은 바로크 무용

----

8 엘리자베스 여왕이 사랑한 로버트 더블리와 추는 볼타춤을 만나 볼 수 있다. 로버트 더블리는 엘리자베스 여왕이 어렸을 적 함께 자랐다. 그는 그녀가 여왕으로서 가능성이 희박했을 때부터, 언니인 메리여왕이 왕위에 오를 시절 삶의 형편이 어려웠을 때도 땅을 팔아 재정적으로 도와주었던 남성이었다. 그러한 로버트 더블리를 사랑했는데 특히 그가 춤을 잘 추고 예술을 사랑한 모습에 반했다고 한다.

볼타춤

을 기록한 대표적인 무보법이다.

　보샹 훼이예 무보법을 살펴보면, 궁정의 공식 무도회에서 제일 처음 브랑르를 춘다. 이어 무용수들은 앞으로 나오면서 자유 순으로 연결된 대열을 이루어 춤을 춘다. 브랑르를 추는 장면은 17세기 후반 이스라엘 실베스트르가 그린 삽화를 통해서도 볼 수 있다. 여기에는 루브르 궁전에서 열린 브랑르 장면이 담겨 있다.

Le Cavalier passe sous le bras droit desa Dame,
et lui fait faire plusieurs passes croisées en avant et
en arrière.

알라망드4(Guillaume,1769)

Le Cavalier s'enveloppe as on tour, et passant sous le bras de derriere, il forment la rosette .

알라망드6(Guillaume,1769)

Le Cavalier passe et fait passer sa Dame dos -
à dos .

알라망드8(Guillaume,1769)

르네상스 춤

16세기 스위스와 독일에서 유래한 가능성이 높은 궁정춤은 알르망
드(allemande)이다. 이 춤은 신사가 자신의 팔 아래서 숙녀를 회전시
키는 모습이 특징이다. 시몬 기욤(simon guillaume)의 1770년도 〈춤교
습서〉라는 그림에서도 만나 볼 수 있다. 이 동작은 현재도 사교춤에서
남성이 여성을 회전시키는 데 쓰이는 동작 중 하나이다.

앞서 언급한 영화 〈왕의 춤〉에서 보면, 주인공인 왕을 중심으로 대
신들이 꼬다(coda: 군무)를 이루어 춤의 시작을 알리는 브랑르를 추기
시작한다. 남성들은 왕의 뒤에서 두 줄로 서서 춤을 추고, 여성들은 왕
비의 뒤에서 줄지어 서서 춤을 춘다. 이어 한 쌍을 이룬 남성과 여성들

이 차례로 플로어를 돌기 시작한다. 이 춤에 나타나는 군무의 질서는 사회적 계급과 연관되어 있었으며, 브랑르 관람을 통해 부의 계급이 높은지 낮은지를 알 수 있었다.

브랑르에 이어서 쌍쌍춤(2인무)을 춘다. 무도회장의 가장자리에 관람객들이 서 있고 한가운데 오직 한 쌍만이 춤을 추었다. 춤추는 이들은 왕과 왕비에 이어 최고층 신사와 숙녀들로 품계가 차차 내려갔다.

브랑르 다음에 나온 춤은 루이 14세가 젊은 시절부터 가장 애호했던 쿠랑트(courante)이다. 느리게 추다가 점차 빨라지는 2인무로 선회(旋回)와 도형을 이루는 장엄하고 위엄 있는 춤이다.

루이 14세는 쿠랑트를 하루에 여러 시간 연습했다. 18세기 초의 어느 춤교사에 의하면, 그는 궁정의 누구보다도 이 춤을 가장 잘 추었고 비상한 세련미가 있었다고 한다.[9] 루이 14세는 왕자 시절 〈환희의 발레〉(1693)를 비롯하여 여러 발레에 출연하고 〈해군의 발레〉(1635)에서는 제독으로 출연하기도 했다.

그리고 보샹으로부터 12살에 왕궁 무대에 공식 데뷔를 한 뒤 살이 쪄서 더 이상 춤출 수 없을 때까지 20년이 넘도록 매일 무용 레슨을 받았다고 한다.[10] 유행의 제조기 프랑스 궁정은 새로움을 결합한 것을 정기적으로 요구했다. 1년에 많을 때는 4가지의 새로운 춤이 소개될

---

9 김말복, 『무용예술의 이해』, 2003, p99.
10 김말복, 『무용예술의 이해』, 2003, p94.

정도였다.[11]

1653년 루이 14세가 태양왕 역을 추었을 때 그는 부르봉왕가를 절대 권력에 비유하는 표현을 하였다. 1678년 베르사유 극장에서 열린 〈사랑의 신과 술의 신(바쿠스)의 향연〉 공연에 루이 14세가 참석했다. 고전발레를 특징짓는 출연자와 관객 사이에 설정된 관계의 유례는 여기서 찾아볼 수 있다. 왕의 위치가 중심을 차지하고 아무 방해도 받지 않으며, 연기도 중앙의 시점(視點)을 향하고 있다. 그는 현실에서 왕의 권력을 춤으로 재현하였다. 루이 14세의 총리대신이자 마자렝의 스승이었던 리셜리외 추기경은 왕실의 권위를 뒷받침하며 거의 20년 세월을 보냈다.

그러나 내전도 행정 개혁도 루이 14세가 베르사유를 건설하기 전까지 봉건적 특권의 귀족층을 일소하지 못하였다. 왕은 우아한 아기놀이터 같은 감금처에 왕국의 귀족들을 억류시켜 그들이 지방에다 자연스런 권력 기반을 쌓지 못하도록 원천봉쇄하였다. 모욕을 받으면 즉석에서 총검으로 명예를 앙갚음할 완강한 인간들은 사실상 국가의 안전판이 되었다. 루이 14세가 귀족계층의 말썽꾼들에게 궁정 축제와 수렵과 무도회와 발레가 끊임없이 되풀이하는 과정에 참석할 수 있도록 보장해서 그들을 송두리째 거세하는 작업에 착수했는지는 분명치 않지만, 사람들은 그 구경거리를 사랑했다.

---

11 같은 책, p88.

아마추어 춤꾼과 프로 춤꾼 사이에 처음으로 확연한 선을 그은 사람도 루이 14세였다. 1661년에 그는 자신이 찬양했고 "우리 궁정에서 해낼 사람이 별로 없다."라고 애태우며 좋은 수준의 춤을 규정하고 체계화하기 위해 왕립무용아카데미를 설립하였다.

이번에는 앞서 언급한 '당스 드 떼아트르(danses de theatre)', 즉 앙트레 드 발레(entree de ballet)를 살펴보면, 디베르티스망에는 구분이 있었다. 보통 극적인 발레는 그리스신화나 고전 발레에서 빌려온 이야기나 기사와 십자군에 대한 전설적인 이야기를 다룬다. 극적이지 않은 궁정춤으로 디베르티스망은 춤의 두 번째 순서로 진행된다.[12] 순서는 음악가들이 입장한 다음 가면을 쓴 공연자들의 춤이 이어지고 그다음 행렬식이 그랑 발레 순서이며, 마지막으로 손님들을 위한 사교춤으로 이어지는 형태였다.[13]

루이 14세가 집권한 바로크 시대의 음악은 리코더와 전형적인 하프시코드(Harpsichord)로 연주되는 음악이 주를 이뤘다. 바로크 시대의 작곡가들과 바로크음악 푸가(Fugue), 바흐의 음악들은 오른손이 연주하는 선율을 왼손이 맡아서 연주하며 끊임없이 이어지는 비슷한 선율의 작품이 많다.[14] 왼손 역할을 오른손이 대신하여 멜로디를 돋보이게 하고, '음악이 상당히 수행적'으로 진행된다는 점을 곡에서 나타내고

12 김말복, 위의 책, p89.
13 조앤 카스, 김말복 역, 위의 책, 1998, pp105~106.
14 "바로크시대로 들어가다(Baroque goes to Present)", 막용칼럼, 2015.10.13.

있다. 하프시코드의 현을 뜯는 바로크 음악은 몽롱한 세계에 빠져들게 한다. 바로크 음악(17~18세기)은 유럽 전반의 교회에서 궁정이나 귀족음악으로 자연스럽게 옮겨졌고, 무용곡으로도 사용되었다.

다시 이태리 북부에서 활동한 도메니코 피아첸차와 춤과 관련된 이야기를 좀 더 해 보자. 도메니코 피아첸차는 그의 첫 번째 안무 연구서를 집필한다. 여기에 그의 후계자들이 참여하였는데, 그들은 이태리인들로 피렌체에서 교습을 했던 구글리엘모 에브레오(후에 사용한 이름 조반니 암브로지오)와 밀라노에서 스포르자 가문을 위해서 일했던 안태오 꼬르니자노이다. 이들은 관대한 귀국의 전유물이었던 무용에 필요한 자질을 적어 놓았다.

메주라(Mesura)는 리듬에 대한 음악적 감각, 메모니아(Memoria)는 스텝에 대한 기억력, 파르테레 델 테레노(Partire del ter-reno)는 무용수가 움직이게 될 공간의 가늠, 아이에레(Aliere)는 휴식에 이은 신체의 상승 균형 기술, 마니에라(Maniera)는 단순 혹은 이중의 스텝을 행할 때 무용수는 동작이 계속되는 동안 몸을 빙빙 돌리며 덧붙여 멋을 내는 기술이다. 그리고 모비멘토 코르포레오(Movimento corporeo)는 스텝의 길이와 제스처의 크기를 말하며, 카롤(Carole)은 사람들이 서로 손을 잡는 사슬 모양의 무용이다. 그들은 이와 같은 방법이 더욱 다양화되어야 한다고 강조했다.[15]

....

15 뻬에르 라르띠그, 한혜리 옮김, 『무용의 즐거움(무용의 역사)』, 삼신각, 1992, p16.

하늘보다 더 푸른 배경에서⋯(파리국립도서관)

　그 외에 레스땅삐(Lestampie) 기술도 있는데 '구르거나 제자리걸음을 하다'를 의미하는 에스땅삐르(estampir)에서 파생되었다. 당시의 농민 무용은 발이나 무릎을 지나치게 움직이지 않는 바스무용(Basse danse)과 활발하고 경쾌한 무용에서 궁정무용으로 옮겨 가면서 성숙한 살타렐로(Saltarello)로 진화했다. 발레는 아직 존재하지 않았으나 무도회에서 볼 만한 수준의 움직임이나 몸짓을 갖추고 있었다.

　노래하며 춤을 추는 살타렐로는 박자에 맞추어 발을 구르며 행하였다. 파리국립도서관의 그림 〈하늘보다 더 푸른 배경에서⋯〉에서는 궁중춤의 구글리엘모 에브레오의 〈여정(Traite)〉이 삽입된 춤추는 모습이 전해지고 있다. 그리고 당스 드 떼아트르(danses de theatre) 같은 극장공연의 시작으로 거리 춤과 단절되기 시작하며 무용 동작들이 발전하기 시작했다. 대이론가인 세자레 네그리(Cesare negri)는 10가지 종류의 피루엣을 표기하였다. 그리고 그가 제안한 가장 이상적인 무용은 발이 앙디오르로 벌어지고 발끝으로 전진하는 것이다. 그와 함께 연구한 제자들은 서로 다른 68개의 스텝을 나열했는데, 그중 인트레치아타(l'intrecciata)는 후일 앙트르샤가 된다. 이러한 춤의 새로운 방식은 사교 혹은 정치적 사건들이 풍성한 프랑스를 건너가 무용의 기회가 되었다.[16]

루이 14세가 춤을 규정하고 체계화하기 위해 세운 왕립무용아카데미에서 왕의 춤 교사이자 왕립무용아카데미의 교장인 보샹(Pierre Beauchamps)은 발의 다섯 가지 기본자세를 강조하였다. 발 자세의 초기 도형은 1588년 고전발레 테크닉을 토대로[17] 규정된 다리의 외전에 바탕을 두었으며 17세기에 보샹에 의해 성문화된다. 이후 시대에 따라 조금씩 변형되었고 현재는 완전히 정립된 자세를 활용하고 있다.

가장 기본이 되는 5가지 발 포지션을 살펴보면, 1번·3번·5번의 경우 발이 닫혀 있고, 2번·4번의 경우 반 열린 상태인 것을 볼 수 있다. 현재의 발레의 기본 포지션을 떠올리면 된다. 기본적으로 양발은 턴

---

16 뻬에르 라르띠그, 한혜리 옮김, 위의 책, p20.
17 유타 크라우트샤이트, 엄양선 역, 『춤』, 예경, 2005, p27.

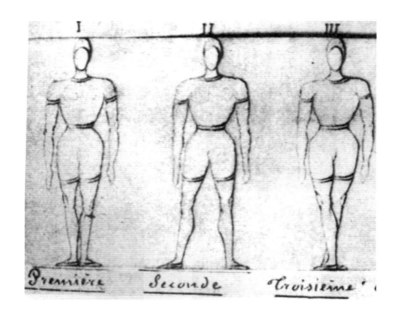

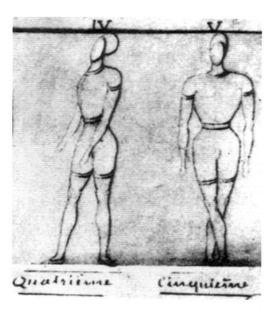

발레 5가지 발 포지션(16세기)(상, 하)

아웃이 된 상태이며, 1번 포지션은 양 발꿈치가 서로 붙는다. 2번 포지션은 1번 포지션 상태에서 양 발꿈치 사이 간격을 한 발 반 정도 간격으로 떨어뜨린다. 3번 포지션은 두 발을 포갠다. 한 발 뒤꿈치를 다른 발 중간쯤 앞으로 붙여 놓는다. 4번 포지션은 3번 포지션에서 두 발 사이 간격을 한 발 반 정도의 간격으로 벌린다. 5번 포지션은 4번 포지션에서 다시 간격을 좁혀 양발을 붙이는 것인데, 이때 양발의 모양은 발가락이 서로 반대 방향을 향해 있어야 한다.[18]

새로 성문화된 궁정춤은 1671년 파리오페라 극장이 개장되자 보샹과 륄리의 지휘 감독 아래 공식적으로 행해졌다. 발레 무용수들을 훈련하고 교육의 효율성과 효과를 높이기 위한 스텝과 연속 동작들이 고안되었고, 5가지 발레포지션을 기초로 이때 만들어진 발랑세(balance), 앙트르샤(entrechat)와 같은 동작들이 지금까지 이어져 오고 있다. 이번에는 여러 춤의 이름들을 몇 가지 살펴보자. 콩트르당스(con-tredance)는 줄을 짓거나 원을 만든 쌍쌍들이 마주 보고 추는 대무(對舞)이다. 이 춤은 영국 민속춤에서 유래되었다는 설도 있다. 1690년대까지 새로운 장르의 대형(隊形)춤이 유행했다. 형식상 오늘날의 릴댄스와 스퀘어 댄스를 닮은 콩트르당스는 한꺼번에 둘, 셋 또는 그 이상의 쌍들이 참여한다.

미뉴에트는 남녀가 함께 추는 2인무로, 일종의 의례화된 구애의 춤

---

18 뻬에르 라르띠그, 한혜리 옮김, 위의 책, p21.

이다. 서로 팔 길이만큼 손을 내밀고서 접근하기, 통과하기, S자나 Z모양으로 후퇴하기의 동작을 반복한다. 미뉴에트를 정확히 추려면 신하 지망생들에게 펜싱과 예의범절을 가르친 춤 선생에게 교육을 받아야 했다. 왜냐하면 머리, 팔뚝, 손목, 손가락, 다리, 발동작이 어색하게 끊이지 않고 서로 뒤섞여 흘러갈 동안 몸통은 중력의 정지된 중심을 곧추세우는 '귀족적 가짐새'를 유지하는 것이 중요했기 때문이다.

심지어 숙녀와 신사가 춤을 시작하기 위해 교환한 '공손한 인사'도 고도로 양식화되었다. 18세기의 논평가 볼테르로부터 퇴폐에 빠진 궁정의 넋 나간 오락의 전형으로 지목되기 전까지, 미뉴에트는 세월이 흐르면서 점차 느려지고 차분해지며 매너를 갖추는 모양새였다.

귀족들은 궁정에서 성공하기 위해 필수 조건인 승마, 펜싱, 훌륭한 구변을 갖추려 노력했다. 그리고 예의 바른 언행과 보법, 새롭고 복잡해지는 귀족춤을 익히기 위해 춤 선생을 고용했다.

궁정에서 활동한 초기 춤 선생들의 일부는 유대인들이었다. 유대인들은 혼례 때 노래하고 춤을 추는 풍습이 있었기 때문에 오래전부터 춤 선생이 있어 왔다. 초창기 춤 선생들은 새로 부활한 고전 교육에 정통한 이들로, 학생들의 신체적 숙달뿐 아니라 춤과 행동거지를 가르쳤으며 궁정오락과 음악에 맞춰 춤을 짓는 등 다양한 능력을 보였다. 에티켓의 권위자로서 그들은 최고의 저택에 입장하여 볼품 있는 모습을 실연하고 싶어 했던 하위귀족층, 상류사회 그리고 중간계급에게 선망의 대상이었다.

15세기 유럽에서는 최초의 춤 교습서가 만들어지고 고전발레의 기

'펜싱', 디데로트 백과사전(에프라임 챔버스)(상, 하)

초가 제시되었다. 이어 16세기에 『무도기록법』[19]이라는 이름으로 발간된 춤 교습서에는 최상의 무도장에서 훌륭한 인상을 만들고 싶어 하는 이들을 위해 다음과 같은 방법을 적었다.

"침 뱉기와 코 풀기를 삼갈 일이며 … 말쑥한 흰 손수건을 사용하라…, 맵시 있고 어울리는 옷차림을 할 일이며 반바지는 제대로 고정시키고 신발은 청결을 유지할 일이다…, 그리고 결혼할 욕구가 있거든 여류 명사들이 춤으로 보이는 선한 기질과 세련미에 넘어간다는 점을 명심할 일이다…, 또한 이보다 더 많은 점을 명심할 일인 바, 춤을 행하면 애인들의 건강 상태가 어떤지 사지가 얼마나 건실한지 드러나므로 춤추고 나서 애인들은 서로 접촉하고 서로를 완미(玩味)하는 차례에서 여류 명사에게 키스하도록 허용된다. 이때 상대의 몸매가 어떤지 상대방이 마치 상한 고기 같은 불쾌한 입 냄새를 내뿜지나 않는지 확인하도록 허용된다."

쌍쌍춤에서 파기될 수 없는 한 가지 규정은 파트너들이 하나의 단일체로서 '상호' 의존해서 움직여야 한다는 점이다.

춤 선생의 등장으로 18세기 궁정무도회는 사전 교습을 받은 이들의 춤 무대가 되었고, 보다 정교해진 스텝의 완성도를 높이기 위해 리허설을 진행했다. 프랑수아 니콜라 마르티네(Francois-Nicolas Martinet,

---

19 『무도기록법』은 1588년 발간된 춤 교습서로서 아르보(Thoinot Arbeau)의 저서이다. 아르보는 가톨릭 신부였던 타부로(Jehan Tabourot)의 이름 철자를 바꿔 놓은 이름이다.

무도회의 권유

1760~1800)가 1763년에 제작한 판화 속에는 사육제 기간 동안 베르사유에서 열린 의상 무도회 장면이 담겨 있다.[20] 시골풍의 옷차림을 한 무용수들이 대관식의 방(salle de Comédie)에 모여 5월제(Maypole) 춤을 추고 있다. 이 춤은 기독교 이전 시대 유럽 풍습에 뿌리를 두고 있는 것으로 전해진다.

19세기 초 무도장춤은 제멋대로 움직이는 것이 아니라 수련과 수양을 필수 조건으로 요구하였다. 19세기 초 몇 해 사이에 왈츠(waltz)가 처음 유행했을 때 남성과 여성은 상호 신뢰와 협동 작업을 공공연히

---

20 출처, "The Village Wedding" Performed at Versailles during Carnival in 1763, https://collections.artsmia.org/art

드러내면서 각자의 동작을 상대방에게 맞추었다. 어느 쪽도 리드하지 않았고 미리 정해진 양상의 스텝을 밟아 나가며 정해진 대로 추었다. 1820년대 영국의 동판화에서 쿼드릴의 전원풍 피겨에서 '앞으로 세 번 그리고 뒤로' 부분을 행하고 있다.

1651년 존 플레이포드가 지은 『영국 춤 선생(춤곡을 첨부한 컨트리 댄스의 간단명료한 원리: The English Dancing Master: Or, Plaine and Easie Rules for the Dancing of Country Dances, With the Tune to Each Dance.)』는 영국에서 올리버 크롬웰의 엄격한 청교도가 지배하던 잉글랜드공화국 시기에 발간되었다. 하지만 이 책은 춤출 수 있는 능력의 강점에 대해 아주 둔감하였다. 모든 연령층의 사람들이 춤 교습을 받을 동안 춤 교육은 특히 젊은 남녀들에게 중요한 것으로 생각되었고 부모들은 자식들이 출세하는 데 필요한 기술을 얻길 원했다. 조지 크룩섕크의 〈춤 교습〉(1835)에서는 어느 소년 소녀가 춤출 동안 포세트를 켜는 춤 선생을 보여 주며, 그림 한편에서는 소녀가 외전 자세를 향상시키기 위해 박스 속에 서 있다.

점차 프랑스 귀족계급이 계급으로서의 성과와 활기를 잃어 가기 시작하자, 남성 궁정 연기자들의 이상은 그리스 로마 신화에 등장하는 신이나 영웅들의 묘사를 전담한 당쇠르 노블(danseur noble: 귀족풍의 춤꾼)이 출연한 전문 직업 무대로 옮겨 갔다. 궁정 내의 아마추어 공연물에서 여성 역은 종종 어린 소년들이 맡았다. 1681년 전문 여성 직업 춤꾼들이 파리오페라극장에서 최초로 등장하여 즉각 대성공을 거두었는데, 라 퐁텐(La Fontaine)이란 이름의 발레리나는 데뷔 첫 시즌에

'춤의 여왕'으로 환호받았다. 끝으로 정리하면, 궁중춤의 기록의 형태는 누군가에 의해 펜으로 글을 적거나 그림으로 그리면서 전해지기 시작했고 1400년대 인쇄술이 발달하면서 책으로 출간된다. 15세기 중엽 이루어진 인쇄술의 발명으로 무용음악이 널리 퍼지고 무용교사들이 새로이 생기면서 새로운 춤을 배우게 된다.[21] 프랑스, 이탈리아, 스페인의 초기민속춤에서 16세기 브랑르, 부레, 쿠랑트, 판딩고, 사라방드, 피바와 살타렐로가 발전했다.[22] 영국의 민속춤 컨트리댄스가 17세기에는 유럽의 궁정사회로 파고들어 민속춤의 레파토리로 포함되고, 18세기에는 프랑스 콩트르당스와 독일의 콘트라탄츠로 발전했다. 이 춤은 춤추는 사람들이 4각형을 이루거나 두 줄로 마주 본다.

19세기에 이르러 민중들은 거꾸로 시민계급사회의 쌍쌍춤인 왈츠, 라인랜더, 마주르카, 폴카 등을 받아들였다. 이것은 민속춤에서 유래한 춤이었다. 북이탈리아와 프랑스 제휴들은 궁정에서 장엄하고 느린 춤인 바스당스와 브랑르 그리고 볼타, 피바 혹은 살타렐로의 작은 도약 같은 생동감 있는 도약춤이 인기를 끌었다. 귀족들은 얼마나 춤을 잘 추는지 과시하고 싶어 했고, 민첩한 몸놀림과 우아함과 활력과 기동력을 겸비한 이성의 표시로 여기기도 했다. 무용교사들은 자신들의 지식을 글로 쓰기 시작했다.[23] 이들은 춤과 스텝 안무 내용 전체를 일

---

21 김말복, 『무용예술의 이해』, 이화여대출판부, 2003, p75.
22 유타 크라우트샤이트, 엄양선 역, 『춤』, 예경, 2005, p22.
23 같은 책, p21.

반인들이 이해할 수 있도록 문자적 상징으로 표현할 수 있는 모든 방법을 찾았다. 이러한 기록은 춤을 정확히 습득하고 널리 보급하는 데 도움이 되었다. 보샹 훼이예 무보법의 몇 가지 발동작들과 기욤 루이 페쿠르의 안무를 중심으로 몇 작품 그리고 춤곡을 살펴본다.[24]

기호(signe)의 첨가에 따라 발동작을 10가지로 구분

쁠리에(무릎 구부리기,plie), 엘르베(무릎 펴기,eleve), 쏘테(뛰기,saute), 까브리올레(공중에서 발끼리 부딪치기,cabriole), 똥베(균형상실로 인한 떨어지기,tombe), 글리쎄(미끄러지기,glisse), 뚜르네(돌기,tourne), 삐에 앙 레르(발을 공중에 두기,pied en l'air), 뿌앵떼(발끝으로 점찍기,pointe), 뽀제르 딸롱(발뒤꿈치에 체중 싣기,pose le talon) 등이다.[25]

라 보칸(La Bocannes)

무도회 무용으로 춤의 종류는 쿠랑트이며, 루이 14세가 즐겨 추던 춤이다. 안무 연도는 알 수 없으며, 무보는 1748년 처음으로 등장했다.

르 파스피에(Le passepied)

무도회 무용 중에서 빠른 발동작으로 당대 유명했던 춤의 한 종류인 파스피에의 진수를 보여 주는 작품이다.

----

24 『무보 재현』, 장인주, 전)프랑스 국립과학연구소 상임연구원.
25 장인주, 1994:128-131,1999:140-144

라 부르곤뉴(La Bourgogne)

포부리(모음곡) 형태로서 쿠랑트부레, 사라방드, 파스피에 등의 무용곡과 함께 특성이 뚜렷한 춤을 담고 있다.

지그(Gigue)

1702년 초연된 서정비극 〈탕크레드〉에 삽입된 무용이다. 1713년 미셸 고드로의 무보집 내에 포함되어 출판되었다.[26]

꾸랑뜨(Courante)

르네상스와 바로크 시대에 유행한 빠른 춤곡의 하나로, 프랑스어의 'courir(달리다)'에서 온 말이다. 16세기 후반부터 기악으로서의 형태가 나타나기 시작하여 17세기 중엽 무렵에는 고전 모음곡에서 알르망드의 뒤에 놓였다. 꾸랑트에는 이탈리아풍의 '코렌테(corrente)'와 프랑스풍의 '꾸랑트'가 있다. 하나는 빠른 3박자이며, 다른 하나는 조금 느린 속도이다.

사라방드(Sarabande)

바로크 시대에 유행했던 춤곡이다. 제1박째부터 시작되는 완만한 속도의 고전 춤곡이다. 박자는 3/2박자 또는 3/4박자로, 장중한 표정

---

26 앙트레 다폴롱(Entree d Apollon)의 오페라 발레 〈사랑의 승리〉에 삽입된 춤으로 1681년 초연되었다. '아폴로의 춤'으로 당대 남자 무용수의 최고 기량을 선보이는 레퍼토리로 알려져 있다.

파리오페라발레 〈실비 – 요정과 사냥꾼 마리 알라드와 장 도베르발〉,
루이스 카르몽텔(보스턴미술박물관)

을 갖는다. 리듬의 면에서는 때때로 제2박째부터 연장되든가 제2박째
에 악센트가 있다. 고전 모음곡에서는 쿠랑트 다음에 놓여 주요 춤곡
으로 되어 있다.

빠스삐에(Passepied)

파스피에(Passepied, IPA: [pas'pje])는 3/8박자 또는 6/8박자로 된 활
발한 성격을 가진 춤곡이다. 브르타뉴 지방이 발상지로 생각된다. 미
뉴에트와 비슷하나, 조금 더 빠르다.[27]

---

27 위키백과사전.

파리오페라발레—3인무(Madeleine Guimard, Jean Dauberval,Marie Allard)
뢸뤼 판화(파리국립도서관)(상. 하)

2

중국나시족 - 동바무보표기법

미국 과학 전문지인 '디스커버리'지는 1994년 6월호에서 한국의 한글이 우수하고 독창성이 있으며 기호배합 등 효율 면에서 돋보이는 세계에서 가장 합리적인 문자라고 극찬한 바 있다. 우리의 문자는 세종대왕이 1443년 창제한 것으로 배우기 쉽고 과학적인 글자이다.

이전에 우리는 주변국 중국과 일본과 함께 오랜 기간 한자를 사용해 왔다. 한자의 경우 갑골문자 → 금문 → 집문 문자 등을 거치면서 추상문자 형태로 변화된 것도 있지만 대부분 그림문자의 특징을 지니고 있다.

히에로 글리프

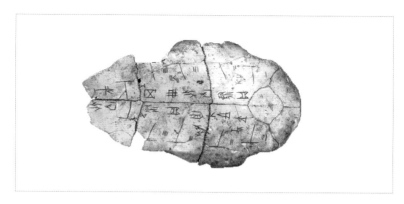

　한자의 기원인 갑골문자(甲骨文字)의 원형은 단순화되어 금석문(金石文) 등에 남아 있다. 한자에 있는 상형문자는 주로 자연과 생활에서 쓰이는 구체적인 사물을 나타낸다. 밭 전(田)은 밭을 본뜨고 우물 정(井)은 우물의 입구 주위에 난간을 설치한 모양을 본떴다. 문(文)도 원래 문신한 사람의 모습을 본뜬 것이다. 이처럼 천(川), 력(力), 우(牛), 양(羊) 등의 한자는 사물의 형상을 묘사하는 그림에서 변형된 것이며, 인체·도구·자연·동물을 나타내는 한자는 모두 상형문자이다.

　이러한 상형 문자는 고대 이집트 문자에서도 발견된다. 그들도 천체(天體), 자연현상, 동식물, 신(神), 인간, 주거 등 고대 이집트어를 기록하기 위해 수백 종이나 만들어 약 3000년에 걸쳐 변함없이 사용하였다. 대개는 신관(神官)들이 사용하였기 때문에 고대 그리스인들은 이것을 히에로글리프, 즉 신성문자(神聖文字)라 불렀다. 이집트의 히에로글리프는 수메르 문자와 같이 세계에서 가장 오래된 문자로서 선사시대 말

이집트 상형문자

기(기원전 3200년경)부터 고안되어 왕의 이름과 업적 등을 기록하는 데 사용되었다. 히에로글리프는 돌이나 나무 벽 등에 새겨졌고 때론 이집트의 파피루스에서 그 기록을 볼 수 있다.

한자, 설형문자, 인더스 문자, 이집트 상형문자는 회화문자라고 일컫는데 문자의 소재가 인체와 인체의 각 부분과 사람의 동작, 동물과 식물, 지형 천체, 갖가지 모양의 물건 등 모든 분야에 걸쳐 형성되었기 때문이다. 해(日), 달(月), 산(山), 눈(目)의 묘사를 그대로 글자화한 것을 찾아볼 수 있다.

중국 윈난성(雲南省)의 나시족은 윈난성 북서부와 사천성의 경계에 살고 있다. 이곳은 1997년 유네스코 세계문화유산, 2003년 유네스코 세계자연유산, 2003년 유네스코 세계기록유산으로 세 분야에 걸쳐 등재된 히말라야 산맥의 한 지역으로 호수 사이에 자리 잡은 그림같이 아름다운 곳이다. 또한 보이차로 유명한 곳이기도 하다. 언어는 티베트 미얀마 어족에 속한다.

이집트 상형문자

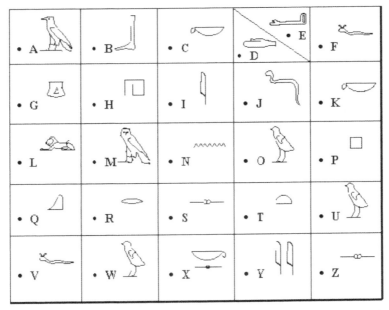

이집트상형문자(상, 하)

윈난성 나시족 자치현을 중심으로 거주하는 나시족이 오랫동안 사용해 온 독특한 상형문자로 오늘날까지 유일하게 사용되는 순수 상형문자이다. 예로부터 샤머니즘 성격을 띤 나시족의 전통종교 '동바교'의 경전을 기록하는 데 사용되었다. 동바[東巴]는 나시어(語)로 '현명한 사람'이라는 뜻으로, 현재 남아 있는 2만여 건의 종교 문헌에서 2,000개 이상의 문자가 확인되었다.[28]

동바문자(중국어 간체자: 东巴文, 정체자: 東巴文)와 가파의 2종류의 문자가 있다. 소수민족 나시족의 상형문자인 동바문자는 한자를 제외하면 천 년이 넘는 역사에서 쓰이고 있는 문자는 상형문자이다.[29] 동바

문자는 뜻과 음을 갖는 상형문자로 동바문자사전에는 한자의 영향을 받는 음절 문자인 게바 문자와 로마자를 바탕에 둔 철자법의 세 가지가 쓰여 있다.

또한 나시족은 물을 숭배한다. 그리고 용과 친숙하고 뱀과 친한데 이는 물과 연관된 것으로 보인다. 옥룡설산에서 만년설이 녹아내리는 사시사철 맑고 깨끗한 물은 이름 그대로 수련한 강물 여강(麗江, lijiang)을 이루어 나시족들의 생명수가 되고 이 물을 잘 보존하고 신성시한다. 옥룡설산의 4,506미터 고지에서 나시족은 천신께 고유제를 올린다. 이 산은 윈난성에서 가장 높은 산이다.

나시족 동바문 간판

김수남의 사진전 〈살아 있는 신화〉에서 나시족을 살펴볼 수 있다. 나시족들의 성전인 '수허고성'에는 계승된 동바족장이 있다. 족장의 한 남성은 동바경을 외우고 제사를 주관한다. 동바 문화에서 오불족, 오불관이라는 추장동바가 신었던 신발의 발바닥과 모자를 쓴 관의 머리장식을 볼 수 있다.

그들의 삶은 일부 지역을 제외하고 중국 윈난성 서북부 산악지대에서 생활을 이어 오고 옛 문자와 기록을 지키기 위한 도제식교육을 이어 가고 있다. 나시족이 사용하는 동바문(東巴文)은 거북이 등껍질과 사물의 형태에서 그 원리를 찾아낸 갑골문자와 상형문자이다.

11세기 중반에 쓰인 동바문경서가 남아 춤과 관련된 기록을 찾을 수 있다. 동바문 상형문자는 거의 그림으로 그려져 있어 족장은 동바 그림을 잘 그려 내는 능력도 갖추어야 한다. 1997년 문화유산으로 지정되면서 동바문을 배우고 연구하는 학자와 학생들이 생겨나고 있다고 한다. 지금도 이들은 대대로 동바문을 익히고 사용하고 동바의례를 치르고 있다.

한국에는 신명숙 교수에 의해 처음으로 "상형문자로 기록된 『신적년세·도신무도규정』 무보 해제"로 소개되었다.[30] '신적년세'는 나시족 창세 신화에 등장하는 신들의 이름과 나이에 대한 것이고, '도신무도규정'은 규범이다. 여기에 총 32종류의 무용이 기록되어 있다.

---

30 신명숙, "상형문자로 기록된 『신적년세·도신무도규정』 무보 해제", 2002.

중국 나시족 제천(祭天)의례에 참여한
허쉐원(和學文) 동바족장

　동바무보에는 무용의 기원이 황금개구리와 관련되어 있다. 황금개
구리로부터 춤을 배워 추게 되었다는 기원을 갖고 동바교 창시자인 딩
바스루 신(神)의 일생을 무용으로 표현하고 나시족과 관련된 30명의
동물신과 자연신, 조상과 관련된 신을 위한 춤들이 있다. 마을에서
3~4일 동안 거행되는 큰 제사 때 직접 무용을 관여하여 의식무를 춘
다. 동바교는 주변의 본교, 라마교, 불교 등의 영향을 받아 형성된 종교
이다.[31]

31　和志式, 1991:16

황금개구리무용

황금개구리무용은 왼쪽으로 (왼)발을 앞으로 뗀다. 판령을 2번 들어 흔들고 오른쪽 1보 끊고(힘을 빼고 걷고) 앞으로 1보 가다(평범하게 걷는 모습) 왼쪽을 향해 3바퀴 돌고 왼쪽으로 1보 가고 오른쪽으로 3바퀴 돌다 움츠리면서 2번 떨며 앞으로 2보 걷는다.

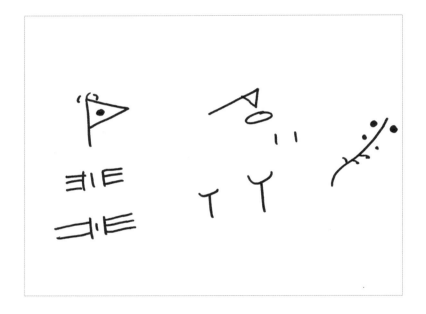

사리우더 신무

　사리우더 신무를 출 때 왼쪽을 향해 3보 앞으로 걷고 판령을 한 번 올려 흔들고, 오른쪽으로 3보 앞으로 걷고 판령을 한 번 들어 한 번 흔든다. 왼쪽으로 한 바퀴 돌고 오른쪽으로 한 바퀴 돈다. 손은 뒤로 보내서 움츠리면서 뛴다.

허디워파이 신무

허디워파이 신무는 왼쪽으로 향해 3보기고 판령을 올려 한 번 흔든
다. 오른쪽으로 3보 걷고 판령을 2번 올려 2번 흔들고 춘다.

딩바스루 무

딩바스루 무에 관한 무보는 딩바스루가 태신(악신의 일종)을 밟는 춤을 출 때 신 앞에서 3번 나는 동작을 하고, 왼쪽을 향해 앞으로 2보 걷고 판령을 1번 올려 2번 흔들어 춘 다음, 오른쪽을 향해 앞으로 2보 걷고 판령을 2번 올려 2번 흔든다. 왼쪽을 향해 한 번 단요 동작(상체를 옆으로 45도 이상 기울인 모습)을 하여 한 바퀴 돌고 오른쪽으로 단요 동작을 하여 한 바퀴 돈다.

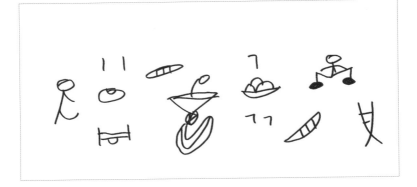

동바무보의 기원인 황금개구리춤 그리고 동바교의 창시자인 딩바스루 무에 있어 신(神)의 춤 〈사리우더 신무〉, 〈허디위파이 신무〉를 살펴보았다.

나시족과 관련된 동물신으로 〈흰사슴(白鹿)무〉를 살펴보면, 추링구스마 마녀를 죽일 때 이 춤을 추는데, 판령을 3번 흔들고(뛰면서) 춘다. 왼쪽을 향해 9보 앞으로 걷고 추며, 앞으로 (발을) 올려 내리고, 오른쪽을 향해 앞으로 9보 가서(뛰면서) 추고 앞으로 (발을) 올려 내린다. 왼쪽을 향해 3바퀴 돌고 오른쪽을 향해 3바퀴 돈 다음, 발을 든 후 내린다. 손과 팔을 벌린 채(주먹을 쥔 채 양팔을 비스듬히 든 형태) 발은 정각동작 (발을 아래에서 위로 올린 형태)을 한다.

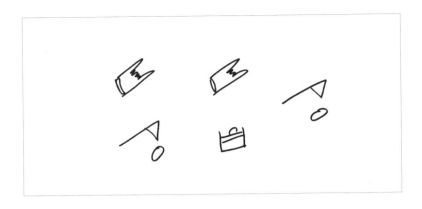

흰 산양(白山羊)무

흰 산양무를 출 때 왼쪽을 향해 7보 걷고(뛰면서) 머리를 (옆으로) 7번 움직이며, 몸을 돌려서 한 바퀴 돈다.

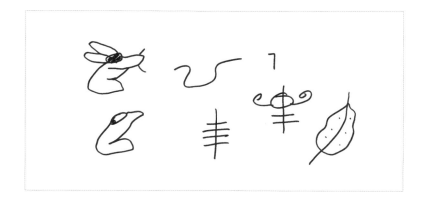

흰 이마의 검은 소무

    흰 이마의 검은 소무를 출 때 판령을 1번 올려 1번 흔들고 3보 앞으로 걷고 왼쪽을 향해 머리를 (옆으로) 3번 움직인다. 그다음, 오른쪽으로 머리를 (옆으로) 3번 움직인다.

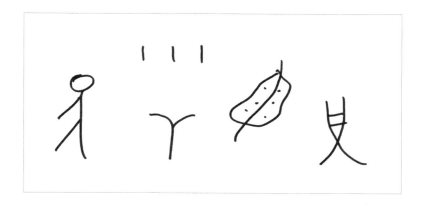

황금공작새무

황금 공작새 무를 출 때, 앞으로 8보 걷고 오른쪽으로 한 바퀴 돌고 앞으로 나는 동작을 하여 나선형으로 돈다. 뒤로 날아갈 때 (판령을) 3번 올려 3번 흔들면서 추고 온몸을 떨면서 나선형으로 돈다. 공작새가 물을 마시는 동작을 5번 한다.

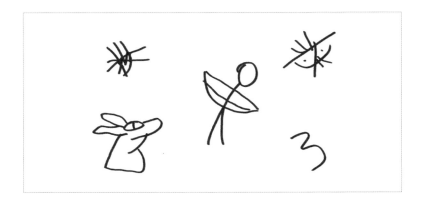

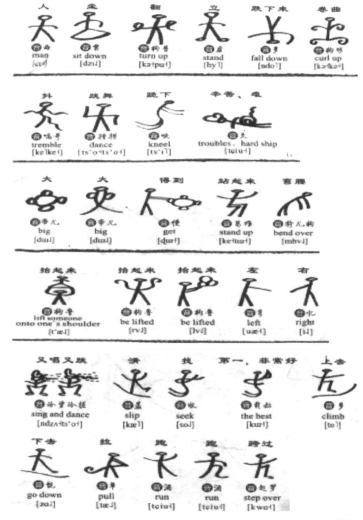

동바무보

동바무보

한국과 나시족은 비슷한 점이 많다. 이곳의 박물관에서는 우리 민족처럼 도포를 입은 9명의 사람이 앉아 있는 모습을 찾아볼 수 있다. 도로변의 논에서는 일하는 여인네들이 낫으로 벼를 베고 있는 모습도 보이는데, 낫은 우리 민족의 전통적인 농기구로 고려시대 가요 〈사모곡〉에도 등장한다. 심지어 원난성의 오지초웅(chuxiong)에서는 고구려 고분 속 무사처럼 모두 앞머리에 새의 깃을 길게 꽂고 있는 사람들도 만나 볼 수 있다. 그들이 사용하는 언어도 우리말과 비슷하게 닮아 있는데, 심지어 '나'를 '냐'라고 부르고 '너'를 우리와 똑같이 '너'라고 부른다고 한다. 짚방석과 합죽선은 물론 축제에서 남성들이 저고리에 X자형의 따를 두르고 여성들은 손잡이가 달린 소북을 치면서 팔과 어깨를 들썩거린다는데 마치 벌어지는 춤판은 우리나라 농악놀이와 흡사하다고 한다.[32]

설산을 떠나 여강(lijiang)에 들어선 후 나시족 마을을 찾았다. 마치 무슨 축제가 벌어졌는지 한바탕 춤판이 벌어지고 있었다. 남자들은 저고리에 X자형의 따를 두르고 여자들은 손잡이가 달린 소북을 치면서 팔과 어깨를 들썩거린다. 우리나라 농악놀이와 비슷한 부분이 많다.

나시족 마을의 시작에서 나는 정겨운 우리의 문화 몇 가지를 발견하고 기뻐 목이 메었다. 짚방석과 합죽선 그리고 대소쿠리였다. 대소쿠

---

32 농악놀이 비슷한 나시족의 춤사위

리는 엄지손가락 굵기의 나뭇가지를 휘어 심으로 삼고 여기에 대나무를 엮어 만든다. 대소나무를 보고 기뻤던 이유는 대나무 석작이나 반짇고리 같은 공예품은 동남아에서 흔하게 볼 수 있지만 오직 소쿠리만 여장에서 처음 보았기 때문이다.

운남성 서부의 중심지 대리로 향했다. 대리는 고산준봉과 호수 사이에 자리 잡은 그림같이 아름다운 도시다. 대리박물관에 걸려 있는 한 장의 그림에서 다시 우리 민족과 유사성을 찾았다. 이 그림에서 9명의 사람이 앉아 있는데, 모두 도포를 입고 있다. 고구려 고분 벽화의 왕이나 귀족들이 입고 있는 도포와 모양이 크게 다르지 않다. 머리의 상투를 튼 것은 우리 조상들의 독특한 풍속이었다.

바로 이들 고구려 유민이 이 지방에 살던 원주민들과 힘을 합해 고구려에서 가져온 수준 높은 문화를 정착시켰을 가능성도 있다. 운남성 탐험의 출발지는 티베트 남쪽, 운남성 서북쪽 끝자락에 있는 호도협(hutiaoxia)이다. 문명의 발상지는 항상 강변에 있다는 확신 때문이다. 그런데 운이 따랐는지 호도협에서 나뭇짐을 지게에 지고 내려오는 나시(naxi)족 처녀들을 만났다.

지게는 분명히 우리의 지게와 똑같은 구조를 가지고 있었다. 다른 점이 있다면 지게와 발목이 우리 것보다는 짧다는 것. 그러나 우리나라에서도 산간 지방에서 사용하는 지게는 비탈길을 오르내릴 때 불편을 덜기 위해 발목이 짧았다는 사실을 고려하면 우리나라보다 더 가파른 산속에 사는 운남성 소수민족의 지게 발목이 짧은 것은 문제 될 것이 없다. 백제의 후예이며 옛날부터 인종과 문화 교류가 있었던 일본인들의 지게 또한 발목이 짧다. 지게는 옛날부터 근세에 이르기까지 우리 민족을 상징하는 대표적 문화유산 중 하나이다. 『삼국사기』의 기록을 보면 '고구려 평원왕의 딸 평강공주가 온달이 느릅나무 껍질을 벗겨 지고 오는 것을 보았다'는 내용이 있다. 이런 이유로 운남성 탐사를 계획하면서 지게만큼은 꼭 찾아보겠다 결심했었다. 그런데 탐험에 나서자마사 소원을 이룬 셈이었다.

지게에 대한 취재를 마친 후 옥룡설산(yulongxueshan)으로 향했다. 해발 2,700m 부근에서 뜻밖에 두어 채의 귀틀집을 발견했다. 귀틀집은 산에서 베어 온 통나무를 정방형으로 짜 맞추어 벽을 만들고 나무 껍질이나 풀로 지붕을 덮은 집이다. 우리나라에는 지리산, 대백산맥, 개마고원, 남림산맥, 울릉도 등지의 산간지방에 남아 있던 가옥 형태다. 1700년전 기록된 『삼국지』「동이전」의 변진을 보면 '그 나라(우리나라)는 집은 짓는 데 나무를 얽어매 마치 감옥과 같이 만든다'는 기록이 있다.

중국 한나라의 사마천이 지은 『사기』「조선전」을 보면 '만(man)은 도망쳐 무리 1,000여 명을 모아 복상투를 하고 오랑캐의 옷을 입은 채 동쪽으로 달아나'라는 기록이 있다. 여기서 '만'은 고조선을 멸하고 '위만조선'을 세운 위만을 뜻한다. '사기'의 내용을 풀이하면 위만이 연나라에서 우리나라로 도망해 올 때 우리나라 사람의 머리 모양을 하고 우리 옷을 입었다는 것인데, 사실은 위만이 연나라 사람이 아니라 연나라에 가 있던 우리나라 사람이었다고 해석하는 것이 옳다.

대리박물관 진열실 안에는 우리나라의 것과 모양이 유사한 석기, 청동기시대에 유물들이 많다. 세문동경, 쌍어문동경, 봉황작식, 청동숟가락 그리고 청동기시대의 대표적 유물인 비파형동검과 비슷한 쌍배형동검과 발달형돌칼이 인상적이다. 발달형돌칼은 세계에서도 우리나라와 중국 동부 및 서북부 일부 지역, 일본 등 아주 제한된 지역에서만 출토된다. 청동기시대의 독특한 유물이다.

인도 북부에서도 이와 비슷하게 구멍이 뚫려 있는 돌칼이 출토되지만 반달형이 아니고 장방형의 것이어서 모양새가 조금 다르다. 특히 반달형돌칼은 우리나라 고인돌에서 많이 출토되기 때문에 우리 민족을 상징하는 청동기시대의 대표적 유물 가운데 하나라고 할 수 있다. 그런데 왜 이 반달돌칼이 우리나라에서 1만 리나 떨어져 있는 멀고 먼 운남성의 산속에서 출토되었을까. 이 의문은 학자들에게 맡기고 나는 대리에서 400㎞ 거리인 곤명(Kuming)으로 향했다. 그리고 곤명에서 천금의 값어치가 있는 우리 민족문화 한 가지를 찾아내는 기쁨을 맛보았다.

도로변의 논에서 일하는 여인네들이 'ㄱ' 자 낫으로 벼를 베고 있었던 것이다. 아시아에서 우리나라 것과 모양이 비슷하게 생긴 낫은 오직 일본, 운남성, 인도네시아의 발리와 수마트라섬에서만 찾을 수 있다. 낫은 우리 민족이 사용한 역사가 오래된 농기구다. 고려시대 가요 〈사모곡〉에도 낫이 등장하는 것을 보면 삼국시대에도 사용했을 것으로 추측된다.

그런데 이상하게도 세계 어느 나라에 가도 낫은 있지만 우리가 사용하는 것과 모양이 유사한 낫은 좀처럼 찾아볼 수 없다. 서양의 낫은 날이 아주 크고 반달처럼 휜 갈고리 모양을 하고 있다. 중국의 낫은 날이 넓고 자루가 짧으며 동북지방의 낫은 날이 직선이며 자루를 날 끝에 끼우도록 되어 있다. 베트남의 낫은 반대쪽에 조그만 가지가 달려 있어 그쪽으로 벼나 풀을 벤다. 태국과 동남아의 낫은 가늘고 위로 휘었으며 날에는 톱니가 달렸다.

그러나 운남성의 오지 초웅(chuxiong)에서 만난 이족 사람들의 행색은 낫보다 더욱 충격적이었다. 그들은 고구려 고분 속 무사처럼 모두 앞머리에 새의 깃을 길게 꽂고 있었다. 고구려가 망한 지 1300년이 지났는데… 나는 그 오랜 세월이 바로 엊그제였던것 같은 감회에 사로잡혔다.

세계에는 새의 깃털을 머리에 꽂는 풍속을 지닌 민족이 고구려 사람들 말고도 많이 있다. 아메리카의 인디언, 중국의 일부 소수 민족, 또 아프리카의 토인들이 그런 풍속을 지녔다. 그렇지만 자세히 살펴보면 그들은 짧은 새의 깃털을 머리 뒤에 꽂거나 깃털모자를 만들어 썼다. 긴 새의 깃을 앞머리에 꽂았던 사람들은 고구려 사람들뿐이었다. 잃어버린 우리의 민족사를 보완하기 위해 중국 운남성에 살고 있는 여러 민족들의 문화에 대한 학계의 전문적인 연구가 필요하다. 시간이 더 흘러 그들이 현대화되어 버리기 전에 그들에게 화석화되어 있을지도 모르는 우리의 잃어버린 역사를 찾아 복원하는 것이 절실하다.

앞서 언급했듯이 이곳에서 치르는 동바제례의 굿은 6~7일에 걸쳐 진행된다고 한다. 굿의 성질과 순서에 따라 수십 개의 책이 필요할 만큼 다양하다. 동바(동바족장)를 두고 동바문으로 기록된 동바경전을 지키며 춤을 춘다는 이야기로 동바무용인 〈동바무보〉는 많은 흥미를 가져왔다. 지구상 여러 곳에서 만들어진 몸과 자연에서 모양을 딴 상형문자들은 유사성이 많지만 그들만의 동바문자로 동바의식을 만들고 이 무보를 근거로 수많은 춤을 추고 행하는 모습이 그저 신기하고 놀랍다.

3

북한 – 자모식 무용표기법

　예부터 우리 민족은 가무를 즐겼으며 그 속에는 신령을 움직이게 하는 힘이 있다고 믿어 왔다. 일례로 궁중무용의 하나인 처용무는 악귀를 몰아내고 나라의 안녕과 복을 기원하기 위해 추었으며, 혜성가 역시 적병을 물리치고 흉조를 없애기 위해 불렀다. 선사 시대로 거슬러 올라가면 태양을 숭배했던 우리 민족은 하늘과 맞닿은 재단 아래서 제례를 지내며 춤을 추었다. 문헌에 남아 전해 내려오는 역사 속 춤은[33] 현대 춤 속에 녹아 있으며 꾸준히 계승되고 있다.

　그러나 한국은 일제강점기에서 1945년 일본으로부터 해방을 맞이

---

[33] 이찬주, 『춤예술과 미학』, 금광출판, 2007, p7.

북한농악춤(김성민)

하면서 이후 국제연합의 위임을 받아 신탁통치라는 형태로 북한과 남한으로 분단된다. 분단된 우리 민족은 각기 다른 감정 구조의 문화적 역사를 쓰게 되고, 2000년 개최된 남북정상회담을 계기로 문화적 교류가 시작된다. 이때 한국을 방문한 북한 공연단의 노래 〈반갑습니다〉와 함께 전형적인 오케스트라의 모습을 갖춘 조선 국립 교향악단의 북한 민요 연주를 들을 수 있었다.

그들은 주로 체제 선전용 작품과 북한 작곡가들의 곡 외에도 체코를 포함한 동유럽, 러시아 같은 우방 국가들의 클래식 곡을 연주한다.[34] 그리고 전통악기를 개량하고 전통음악의 복원과 보급에 힘쓰며 전통음악 어법을 활용하여 창작곡을 만드는 등 새로운 시도를 보이고 있다.

북한의 악기 개량 사업은 1960년대 김정일이 문화예술 부분에서 정치 인생을 시작하면서 가속화되었고, 70년대 이르러 수많은 개량악기들이 만들어지게 된다. 해금 개량 작업으로 소해금, 중해금, 대해금, 저해금이 만들어졌고, 가야금은 21현으로 연주 가능 음역을 확대했다. 줄도 장력이 강한 철사를 나일론으로 감싸 사용했고, 부두줄(돌괘)을 없애고 피아노처럼 조율못을 죄고 푸는 방식으로 변형시켰으며 악기 밑의 소리 구멍도 기존의 한 개에서 세 가지로 늘렸는데 각각 해, 구

---

34 페르마타의 클래식 이야기, "북한의 오케스트라는 어떤 모습일까?", 『클래식 이모저모12』, 2019-6-17.

름, 초승달 모양을 하고 있다.[35]

아쟁도 피리도 소(小), 중(中), 대(大)로 개량되었다. 하지만 타악기의 경우 현악기처럼 달리 크게 개량된 것은 없다. 이는 김정일의 『음악예술론』에서 금관악기는 서양금관악기를 흉내 내어 민족 금관악기를 만들어 배합할 필요가 없다는[36] 연유에서 비롯된 듯하다.

무용의 경우[37] 김정일의 지시에 따라 작품의 주제 및 춤가락과 동작을 더욱 다양하게 구성하고, 다른 어떤 예술보다 민족적 색채를 진하게 띠고 있어야 한다.[38]

북한의 현대무용을 '항일 혁명무용' 또는 '혁명무용'이라고도 하는데 〈조국의 진달래〉, 〈눈이 내린다〉, 〈사과풍년〉, 〈기쁨〉 등 4대 무용 명작이 있다고 한다.[39] 〈조국의 진달래〉, 〈눈이 내린다〉는 혁명무용이며 〈사과풍년〉은 사람들의 노동 생활을 반영한 현대무용이다. 민속무용으로는 〈삼인무〉, 〈돈돌가리〉 등이 있는데, 민속적인 동작으로 일상의 모습을 묘사한 춤동작과 춤가락을 보기 좋게 담았다.[40] 전설을 주제로 한 〈금강선녀〉는 고상한 민속무용 형식과 전통 무용율동을 보여 준다.

---

35 한국은 이성천이 개량한 월금이나 비파, 저음역에 특화시킨 저음해금이나 대형화로 음역 확대를 꾀한 아쟁, 명주실 대신 철실을 사용한 철 가야금이나 철 아쟁이 있었으나 거의 보편화되지 못했고 현의 개수를 늘린 개량 가야금 정도가 알려졌다.

36 김정일, 『음악예술론』, 조선노동당출판사 중, 1992, p89.

37 무용은 정성우의 『문학예술의 형태』에서 김정일 지시에 의해 무용 작품의 주제도 다양하고 춤가락과 무용동작도 더 많이 찾아내고 다른 어떤 예술보다 민족적 색채를 진하게 띠고 있어야 한다고 한다.

38 정성우, 『대와 문학예술형태』, 사회과학출판사, 1987, pp343~368.

39 "4대 무용종보", 『조국의 진달래』, 평양문예출판사, 1988, p45.

40 박종성, 『조선의 민속무용』, 평양문예출판사, 1991, p23.

북한의 피바다식 가극무용이란 혁명가족 피바다에 배합된 무용을 본보기로 한 모든 혁명가극들을 말한다.[41] 피바다식 가극무용에는 〈꽃피는 처녀〉, 〈당의 참된 딸〉, 〈금강산의 노래〉, 〈밀림아 이야기하라〉 등의 작품이 있다.[42]

북한의 무용은 모란봉극장, 2.8 문화회관, 만수대예술극장, 평양대극장 등 2,500명 이상 수용하는 대극장에서 주로 공연한다.[43] 무대장치는 백두산, 금강산 등의 명산을 비롯하여 평양 시가와 대동강 등 자연을 담아 봄, 여름, 가을, 겨울의 사계절을 배경으로 한다.

진달래가 만발하고 폭포 등이 순식간에 변화하면서 대작인 경우 수십 개의 장치가 움직이며 변화하여 관중을 흥분으로 몰고 간다 . 기차가 지나가거나 그네가 뛰는 장면을 영상으로 보여 주는데, 무대장치와 조명의 개발이 뛰어나 관중에게 놀라움을 준다.

북한 무용수들이 입는 한복은 우리나라 전통한복 모양과 다르게 치마폭과 소매 폭이 좁아 춤 선과 동작이 잘 보이며 여러 명이 큰 무대에서 함께 춤추는 데 효율적이다.

러시아에 가면 누구나 발레를 보기를 희망한다. 러시아 발레는 세계적이며, 냉전 시기에는 해외로 망명한 루돌프 누르예프나 미하일 바리시니코프를 보면서 그들의 발레를 감탄했다. 러시아의 마린스키발

41 이병옥, 『북한무용의 이념과 동향』, 도서출판노리, 2002, p53.

42 『조선예술』, 1972년 11월호, pp70~73.

43 정병호·이병옥·최동선, 『북한의 공연예술II』, 고려운, 1991, p46.

레단과 볼쇼이발레단은 수준 높은 정통 러시아 발레를 보여 주고 무대와 의상 역시 필적하는 수준이다. 러시아의 발레는 해외 관광객들에게는 매력적인 문화공연으로 알려져 있다.

하지만 러시아의 발레의 성장은 내국인들의 발레 사랑에 있다. 그들은 어려운 생활고를 겪는 이들도 적어도 발레 한 편을 보고 싶어 돈을 모은다고 한다. 노부부들은 경제적 수입이 많지 않고 어려워도 발레를 자신들의 기념일이나 크리스마스에 보러 온다고 한다.

특히, 공산국가와 예술은 그들이 공산주의가 지닌 똑같은 분배 속에 착취와 빈곤을 없애고 번영과 행복의 사회주의 건설을 보증한다는 명목하에 '예술로 자신들의 정치를 반영하고 또 예술을 통해 그들의 표현 욕구를 해소시켜 주기도 한다. 많은 인원을 수용하는 대극장에서 놀랍고 경이로운 춤을 통해 그들을 통제하는 효과적인 방식이 동원되고 있는 것이다.

북한 춤의 초대형 군무는 발레의 영향을 받았다고 할 수 있다. 강력하고 견고한 대형화의 무용은 공산주의 국가에 필요했다. 소비에트의 예술은 중국 민족 민간무용예술을 거쳐 사회주의 예술에서 북한의 공산주의 예술로 모방하면서 전개되었으리라 생각된다.

소련무용의 대부분은 사회주의 건설과 전파가 핵심 내용이었으며 형식적으로는 다민족국가의 특징을 담고 있다.[44] 신중국 건립 이후 소

---

44 인민일보사론, 『소련 예술가를 학습하다』, 무용학습자료, 제3집, 중국 무용예술연구회편, 1953, p2.

련의 민간 무용 전문가와 발레인, 안무가들이 중국을 방문하여 이론과 실천에 관한 강의를 했다. 소련의 유명 무용가이자 안무가인 모이세예프(Igor Alexandrovlch Moiseyev)는 중국무용계를 지도했다. 중국무용은 새로운 무용 대열과 엔딩 방식, 표현력과 안무 등 여러 면에서 답습했다.

현실적인 내용은 사라지게 하고 사회주의 사실주의 기법은 극장 화에서 두드러졌다.[45] 사람들의 생활과 세계관은 드러내고 봉사하는 자산계급의 필요한 표현이나 개인적 환상만을 표현하려 했다.[46]

사회주의 무용에 대한 감상성과 표현력은 확실히 강화되었다. "모두 예술 수준이 높은 무용수로 육성해야 했기 때문에 중국 연맹공화국의 민속무용 전문가들은 모든 발레 기본 동작을 배워야 했다. 이것은 배우의 몸을 훈련하는 가장 좋은 방법이다."라고 하였고, 중국은 직업예술 종사자의 소련식 발레 훈련이 위주가 되었다.[47]

최근 북한 무용 영상에서 음악무용 이야기『청년의 자서전』에 삽입된 「백두의 넋」을 보면 발레기법이 드러난다. 다리를 뒤로 높이 들거나 발레 아나방 자세를 하고, 여성 춤꾼이 발을 가볍게 차올린다든가 70년 과도한 허리 젖히기는 80년대 기본무용의 개정 과정에서 사라졌는데, 발레 기법을 도입하여 혁명성을 강조하는 작품을 수행하기 위한

45 모이세예프, 『자산계급의 무용문화를 엄격하게 비판하고 흡수하다』, 1956, 11월 13일.
46 『민간무용을 논하다』 진대유 역, 북경예술출판사, 1956, p34.
47 쫑이쉰, "신중국 건국 전후 중국 민족민간 무용의 변화", 한양대학교 박사학위논문, 2010, p54.

기교적인 동작들로 구성, 2차 발레기법을 발전시키는 유행으로 개정되었다. 하지만 현재는 이를 발판으로 조선춤이 지닌 기법과 구성 체계로 가능한 한 충실히 복원하여 섬세하고 다양한 움직임이 드러난다.

다시 북한의 무용으로 이야기를 되돌리면, 한복도 마치 발레처럼 폭이 좁은 의상을 만들어 내고 동작도 비슷하다. 북한의 무용 치마는 윗부분도 허리를 살리기 위해 몸에 붙도록 하고 치맛자락을 넓게 해서 활동하는 데 지장이 없게 만든다. 머리는 밑으로 처진 머리카락을 위로 올려 동그란 가발로 덮고 스팽글을 장식하여 목이 길어 보이도록 한다. 남성 춤꾼은 기본적으로 색동저고리에 쾌자나 짧은 조끼를 입으며 바지는 무릎과 대님 매는 곳에 매듯이 천을 동여맴으로써 발의 선을 강조한 옷을 입는다.[48]

무용음악은 가곡과 악기 연주곡으로, 가곡은 독창과 합창으로 부르는 민요나 노래이고 악기 연주곡에는 민요, 농악 그리고 작곡한 무용곡이 있다. 춤동작의 구조는 현대적 민속무용으로 선과 각, 원 등을 사용하여 일체감과 평면감, 원근감을 주고 전후, 좌우, 높고 낮은 곳을 활용하며 형과 색 그리고 선의 조화를 이룬다고 한다.[49]

무용에 대한 표기법은 김정일의 지시에 의해 1970년부터 여러 해 동안의 연구 과정을 통하여 모든 무용표기의 과학 세계를 파악하면서 그 체계들이 가지고 있던 제한성들을 전면적으로 극복하고 1987년에

---

48 이병옥, 『북한무용의 이념과 동향』, 도서출판노리, 2002, p57.
49 같은 책, p59.

조선의 독창적이고 주체적인 자모결합식 무용표기법을 완성하였다.

『조선예술잡지』에서 조선무용전문가 남용진은 "자모결합식 무용표기법은 무용예술의 본질적 특징을 과학적으로 밝힌 데 기초하여 과학적인 표기 체계를 세우고 그의 핵으로 되는 무용문자와 그 결합 원리와 방법을 새롭게 동작적으로 하였다. … 인류가 달성한 모든 무용재보의 유실을 막고 하나도 빠짐없이 구체적으로 기록하여 고착시키고 후세에까지 길이 전할 수 있게 되었다."[50]라고 평가하였다. 그리고 딘마르크 민족예술단 단장 씨그네 메타취는 "이 무용표기법 자료는 매우 귀중한 것이다. 아주 흥미가 있다. 조선의 무용표기법은 아마추어들도 모두 쉽게 이해할 수 있게 되어 있다. 조선의 무용표기법은 무용 분야에서의 새로운 발명이다."[51]라고 말하였다. 유네스코는 "북한의 표기법은 다른 표기법과는 근본적으로 독창적인 무용표기법을 만들어 냈다."고 하였다.[52]

북한은 평양음악무용대학의 우창섭 교수를 중심으로 약 15년간의 연구 끝에 1986년, 한글의 자모를 결합하는 원리를 응용하여 독창적인 춤표기법을 개발했다. 자모식 무용표기법은 언어학에서 자모가 서로 결합하여 뜻을 나타내는 단어를 이루듯이 무용문자를 서로 결합하여 다양한 무용동작과 구성을 표기하는 방식이다. 기보는 가로로

50 박영란, 『자모식무용표기법』, 무용기록학회 제2권 p217.
51 박영란, 『자모식무용표기법』, 무용기록학회 제2권 p218.
52 성기숙, "북한의 자모식무용표기법 창안배경과 실체 연구", 무용예술학연구, 제9권 제9호, 2002, pp119~154.

된 삼선보를 놀림문자인 모음 부호와 방향문자인 자음부호 등 각종 표기 부호를 나열하는데, 무보의 윗부분에 오선보가 배치되고 무보의 아래에는 무용구도표가 배치되어 무용수들의 대형과 구도를 한눈에 파악할 수 있게 한다.[53]

북한자모식 무용표기법은 형태와 놀림을 나타내는 15개의 모음과 자리와 방향을 나타내는 19개의 자음으로 구성되어 있다. 문자 형성의 원리는 몸동작 형상을 본떠 표기 문자를 만들고 이를 자모식으로 조합하여 사용하도록 되어 있다.

모든 움직임들을 과학적으로 분석하여 사람의 뼈마디가 굽혀진 정도에 따라 즉 45도를 기준하여 편 형태, 휜 형태, 굽힌 형태, 더 굽힌 형태로 나누어 4개의 형태부호를 만들었다.

- 편 형태부호[ㄴ]는 몸 부위들을 곧바로 편 모양을 표기하는 부호이다.
- 휜 형태부호[ㅅ]는 몸 부위들을 편 형태에서 45도 굽힌 모양을 표기하는 부호이다.
- 굽힌 형태부호[ㅅ]는 몸 부위들을 편 형태에서 90도 굽힌 모양을 표기하는 부호이다.
- 더 굽힌 형태부호[ㅅ]는 몸 부위들을 편 형태에서 135도 굽힌 모양

......

[53] 황경숙, "북한 무용표기법에 관한 분석연구", 움직임의철학: 한국체육철학회지, 제3권 제1호, 1995, p 250.

을 표기하는 부호이다.

그리고 11개의 놀림부호를 만들었다.

- 돌리기부호[○]는 몸 부위들이 일정한 지점을 축으로 하여 원을 그리는 놀림을 표기하는 부호이다.
- 굽이치기부호[�82]는 몸 부위들이 구불구불한 모양을 그리는 놀림을 표기하는 부호이다.
- 틀기부호[N]는 몸의 연결된 부위들이 틀려지는 놀림을 표기하는 부호이다.
- 흔들기부호[𝒵]는 몸 부위들이 양쪽으로 잇따라 오가는 놀림을 표기하는 부호이다.
- 물결치기부호[~]는 몸 부위들이 물결치듯 잇따라 오가는 놀림을 표기하는 부호이다.
- 어기기부호[𝕏]는 두 팔, 두 다리거나 상대가 서로 사귀는 놀림을 표기하는 부호로서 춤동작이거나 춤도구에서 서로 어길 때 쓰는 부호이다.
- 넘기기부호[ᑐ]는 몸의 어느 한 부위가 다른 부위를 넘어 자리를 옮기는 놀림을 표기하는 부호이다.
- 들기부호[ʉ]는 다를 상대를 공중에 들어 올리는 놀림을 표기하는 부호이다.
- 짚기부호[L]는 일정한 대상에 발 또는 어느 한 부위가 닿으면서 몸

의 중심을 싣는 동작을 표기하는 부호이다.

- 돌기부호[ℓ]는 몸을 한 바퀴 또는 그 이상 돌리는 놀림을 표기하는 부호이다.

- 뛰기부호[ʌ]는 온몸을 공중에 솟구쳐 올리는 놀림을 표기하는 부호이다.

- 앞자리부호[O]는 팔, 다리를 몸통 앞으로 90도정도 들어 올린 위치를 표기하는 부호이다.

- 뒷자리부호[O]는 팔, 다리를 몸통 뒤로 90도정도 들어 올린 위치를 표기하는 부호.

- 옆자리부호[ϴ]는 팔, 다리를 몸통 옆으로 90도정도 들어 올린 위치를 표기하는 부호이다.

- 윗자리부호[ϴ]는 팔, 다리를 머리위로 180도정도 들어 올린 위치를 표기하는 부호이다.

- 아랫자리부호[Ⓞ]는 팔, 다리를 아래로 내리 드리운 위치를 표기하는 부호이다.

- 오른쪽자리부호[ㄷ]는 팔, 다리를 몸통의 오른쪽으로 90도 정도 들어 올린 위치를 표기.

- 왼쪽자리부호[ᄀ]는 팔, 다리를 몸통의 왼쪽으로 90도 정도 들어 올린 위치를 표기하는 부호이다.

- 비낌자리부호[Ø]는 팔, 다리가 앞자리에서 45도 정도 밖으로 비껴 옮겨진 위치를 표기하는 부호이다.

- 엇비낌자리부호[Ø]는 팔, 다리가 앞자리에서 45도 정도 안으로 비

껴 옮겨진 위치를 표기하는 부호이다.

- 올림자리부호[⟋]는 어깨높이 자리에서 우로 45도 정도 올린 위치를 표기하는 부호이다.
- 내림자리부호[⟍]는 어깨높이 자리에서 아래로 45도 정도 내린 위치를 표기하는 부호이다.
- 무대자리부호[+]는 무대의 중심을 나타내는 부호이다.

기본자리부호와 형태부호의 결합으로 이루어진 가짐표 :

자리 형태		앞 **O**	옆 **⊖**	우 **⊜**	아래 **⓪**	뒤 **⊙**
핀 형태	⌊	⌋	⌋	⌋	⌋	⌋
휜 형태	⌊	⌋	⌋	⌋	⌋	⌋
굽힌 형태	⌊	⌋	⌋	⌋	⌋	⌋
더 굽힌 형태	⌊	⌋	⌋	⌋	⌋	⌋

이름 구분	편 형태	휜 형태	굽힌 형태	더 굽힌 형태
각도	0도	45도	90도	135도
형태의 모양				
구별 표식		╱	╱╱	╱╱╱
문자의 모양	⌊	⌊	⌊	⌊

앞펴기[ㄴ]

옆펴기[ㅕ]

우휘기[🦵]

아래휘기[🦵]

| 국가별 춤의 기록

우굽히기[ᄇ]

아래굽히기[ᄇ]

우더굽히기[ᄂ]

아래더굽히기[ᄂ]

구분	번호	문자	이름
형태	1		편 형태
	2		휜 형태
	3		굽힌 형태
	4		더 굽힌 형태
놀림	5	ϴ	돌리기
	6	𐌁	굽이치기
	7	𝑁	틀기
	8	ȝ	흔들기
	9	~	물결치기
	10	L	짚기
	11	ℓ	돌기
	12	Λ	뛰기
	13	ȝ	어기기
	14	Ϸ	넘기기
	15	u	돌기

구분	번호	문자	이름
자리	1	O	앞
	2	⊙	뒤
	3	θ	옆
	4	⊖	우
	5	⓪	아래
	6	⊘	비킴
	7	⊗	엇비킴
	8	⊏	오른쪽
	9	⊐	왼쪽
	10	♪	올림
	11	،	내림
	12	✛	무대자리
	13	)	안
	14	(	밖
방향	15	↑	세로
	16	⌐	가로
	17	⌐	눕혀
	18			무대방향
	19	o	축심

몸 부위 자리문자 모양 :

자리 이름	앞	뒤	옆	아래	우	비킴	엇비킴	올림	내림
방향 구별 표식	•	—	|	=	/	\	♪	,	
문자의 모양	O	⊙	θ	⓪	⊖	⊘	⊗	♪	,

오른쪽 부위가짐 :

구분	자리	형태	오른쪽부위가짐
방향 구별 표식	O	し	የ
문자의 모양	앞	휘기	앞휘기

두 팔(두 다리)가짐 :

구분	왼팔가짐	오른팔가짐	두팔가짐		
결합	১ +	የ =	১የ	=	২

북한춤

- 안방향부호는[ )]는 팔, 다리의 굽혀진 모양이 몸 안쪽으로 향해지
  거나 그쪽으로 진행되는 움직임을 표기하는 부호이다.
- 밖방향부호는[( ]는 안방향과 반대로 굽혀지거나 진행되는 움직임
  의 방향을 표기.

• 세로방향부호[↑]는 몸통 또는 부위별 움직임의 공간면이 세로축 또는 세로면과 일치되는 방향을 표기하는 부호이다.

구분	울림갈늘림			오가는늘림		온몸동작		
이름	돌리기	굽이치기	틀기	흔들기	물결치지	깊기	돌기	뛰기
제정근거								
문자의 모양	e	8	И	Ƶ	~	L	ℓ	Λ

팔

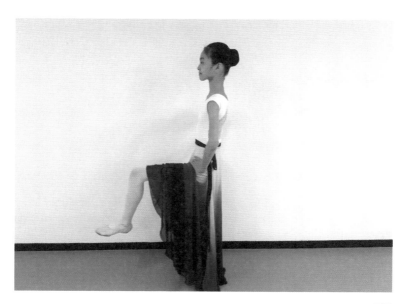

다리

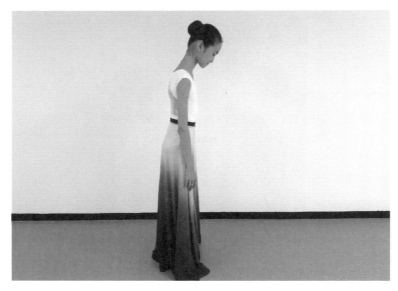

목(변호윤)

허리(변호윤)

- 가로방향부호[➥]는 몸통 또는 부위별 움직임의 공간면이 가로축 또는 가로면과 일치되는 방향을 표기하는 부호이다.
- 눕혀방향부호[↙]몸통 또는 부위별 움직임의 공간면이 앞뒤축 또는 수평면과 일치되는 방향을 표기하는 부호이다.
- 무대방향부호[↓]는 객석을 기준한 방향을 표기하는 부호이다.
- 축심부호[이]는 몸, 구도의 축심을 기준한 방향을 표기하는 부호이다.

춤동작의 형상적 특성을 표시하는 부호
- 뿌리치기부호[◀]는 뿌리치며 던지듯이 움직이는 성격의 동작을 표기하는 부호이다.
- 밀기부호[▶]는 밀거나 당기듯이 움직이는 성격의 동작을 표기하는 부호이다.
- 잘게부호[ᏴᏴᏴ]는 한 동작을 떨듯이 잘게 하는 동작을 표기하는 부호이다.
- 치기부호[Z]는 두 부위가 마주쳐 소리 내는 동작을 표기하는 부호이다.

팔 올리기(권지율)

허리 돌리기(권지율)

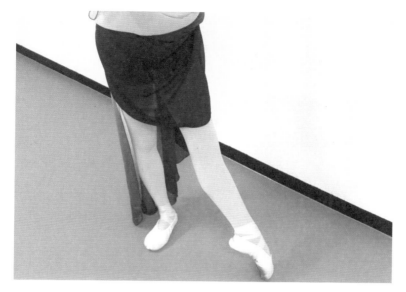

다리 돌리기(권지율)

손, 발 부위나 소도구를 표기하는 부호

- 둥가짐부호[⌒]는 손이나 발의 등 부위를 표기하는 부호이다.
- 엄지부호[∧]는 손이나 발의 엄지 부위를 표기하는 부호이다.
- 팔굽부호[⟨]는 팔굽과 무릎 부위들을 표기하는 부호이다.
- 소도구부호[Ƭ]는 소도구를 표기하는 부호이다.

춤동작을 보다 간결하게 표시하는 부호

- 모으기부호[Ⅴ]는 어떤 가짐에 같은 모양으로 가깝게 마주 모아진 상태를 표기하는 부호이다.
- 나란히부호[∥]는 어떤 가짐에 같은 모양으로 평행되게 나란히 된 상태를 표기하는 부호이다.
- 엇바꾸기부호[⟳]는 한 동작을 반대로 반복 수행하는 것을 표기하는 부호이다.
- 곱부호[ㄲ]는 어떤 동작을 거듭 진행하는 것을 표기하는 부호이다.
- 잇따르기부호[⌁]는 한 동작을 다른 부위 또는 다른 인물이 뒤따라 반복 수행하는 동작을 표기하는 부호이다.

틀기

흔들기

물결치기

방향 이름	안	밖	축심	가로	세로	눕혀
제정 근거			✳	▢	▱	▱
문자의 모양	)	(	○	⌐→	Γ	∟

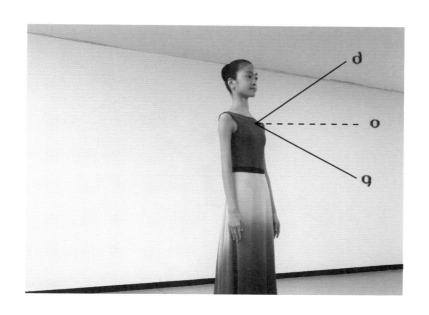

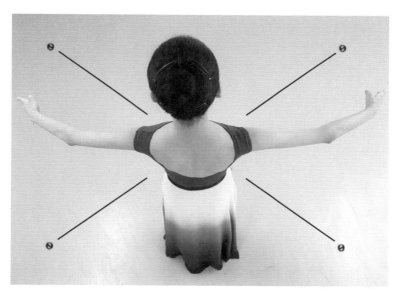

기본자리부호(상, 하)

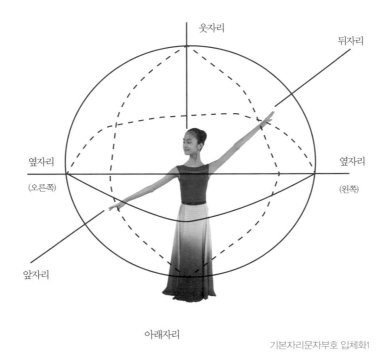

윗자리

뒤자리

옆자리

(오른쪽)

옆자리

(왼쪽)

앞자리

아래자리

기본자리문자부호 입체화1

- 반단락부호[—]는 한 동작을 절반만 수행하는 것을 표기하는 부호이다.
- 끊어하기부호[--]는 한 동작을 끊어서 수행하는 것을 표기하는 부호이다.

또한 5선지 악보를 원용하여 인체의 높이 구조에 맞추어 고안한 3선의 '무용보표'에 무용 문자를 기입하여 사용한다. 기본 문자의 활용 외에 무용의 길이표(음표 활용), 형상표, 부위표, 줄임표, 변율표, 형상표어(흠모의 정을 담아 느리게, 사과를 딴다) 등을 함께 활용하고 있다.

실제로 무용총보의 기록 수단으로 활용되고 있다. 또 무용표기 전용 타자기 등이 개발되어 있는 상태이다. 그렇지만 애초의 목표에 비해 실용성은 다소 떨어지는 것으로 볼 수 있다. 예를 들어 작곡가가 악보 표기를 이용하듯 안무가가 무용표기법을 활용하는 상황에는 아직 미치지 못하는 것이다.[54]

북한 자모식 표기법을 보면서 극장화한 후 북한춤을 살펴보면, 북한의 무용은 동작을 정립시켜 나갔고 초기의 순박한 한국 고유의 동작도 있지만 원래의 한국 해방 이전 갈라서기 전과 달리 북한춤은 주장화된 민족무용의 신(新)사회의 새로운 이미지 및 조형과 표현으로 바뀌기도 했다. 새로운 민족 무용 스타일로 결합되고 재설정되어 정치 체계의 변화와 그 전통이 달라지고 있었다.

영국의 역사학자 에릭 홉스봄(Eric Hobsbawm)은 전통이 그저 옛것을 그대로 답습하는 게 아니라 시대의 흐름에 따라 만들어지거나 새롭게 변화할 수 있다는 사실을 언급하면서 "전통은 만들어지는 것"[55]이라고 한다. 그의 말을 답을 떠올리며 북한의 춤을 살펴보았다.

아무리 유구한 것이라 해도 변화하지 않는 전통은 소멸하고 만다는 말이 있듯이, 우리 민족은 둘로 나뉘었지만 전통을 잇기 위한 나름대로의 노력과 동시에 새로운 춤을 개발해 왔고, 북한은 무용기법 개발

54 『KBS온라인 오피스 아름다운 통일 북한 백과』

55 정고운·최정근, "전통가야금 및 개량가야금 생성과정 비판적 고찰" Vol.9 No.1 아시아문화학술원, 2018, p649.

로 조선무용체계를 완성시켰다. 그들은 사회체제에서 풍습과 얽히어 삶의 가치와 지향을 반영했다. 또한 주체사상에 의거하여 춤이 발전되어 왔다. 이를 '주체무용'으로 명명하고 사상성과 독창성을 강조한 고전무용과 혁명무용을 만들어 냈다.

앞서 언급한 것처럼 강력하고 견고한 예술적 위력을 통해 대형화의 무용을 만들기 위해 무용은 공산주의 국가에 필요했다. 러시아의 발레, 중국의 사회주의가 받아들인 새로운 무용대열과 엔딩 방식, 안무 등을 여러 면에서 답습하여 외래 기법을 수용하여 변화하였지만, 남북 분단 이전의 우리 민족의 춤이라는 것만은 분명하다.

남한은 민속춤을 무대화로 승화시킨 춤으로의 궁중무와 종교무를 포함하지만 북한은 궁중무와 종교무를 봉건사회의 전재로 취급하여 그 형식의 일부분만은 수용하면서 민족춤만을 발전시켜 왔다.[56]

하지만 북한에도 유일한 봉산탈춤 보존회가 있다. 황해도 봉산지방에서 전승되어 오던 가면무(현 국가무형문화재 17호)가 설립되었다는 기록이 있다. 북한의 민속춤은 포크롤리즘(folkorism) 민속연구, 민속학, 민간전승이며 한국 민속학의 경우 그 불변의 특질을 주로 농어촌의 민속 사상에서 추구해 왔는데, 거기엔 다음과 같은 일련의 전체가 암묵적으로 깔려 있다. 즉 민속은 한 민족의 기층문화와 그 겉모양은 변해도 고갱이는 잘 변하지 않는다[57]는 것이다.

---

56 김채원, 「로컬로서의 북한춤」, 공연과리뷰 103호, p89.
57 남근우, 「한국민속학 재고」, 민속원, 2014, p 43.

북으로 건너간 최승희는 북한에서 「조선 민속 무용기본」을 정립하였다. 그녀는 「조선무용의 기본춤의 기본」으로 "북한이 현대성을 강조하는 시점에 와서도 그 기본 토대가 무너지는 일은 없다."고 했다. 최승희는 선조들이 남겨 놓은 춤에서 잃어버린 것을 찾아내고 인민들의 삶 속에 나온 춤을 토대로 기본 틀을 완성하였다.[58]

무용소품으로 민속을 소재로 창작한 많은 작품들이 이어지고 있다. 대표적으로 최승희의 〈쟁강춤〉, 〈시냇가에서〉, 〈천국의 무희〉, 〈부채춤〉, 〈장고춤〉, 〈검무〉 등이 재구성되면서도 계승되고 있고, 최승희 무용극 〈반야 월성곡〉(1949), 〈맑은 하늘 아래서〉(1955), 〈사도성의 이야기〉(1954)는 2011년 복원되어 재현 공연이 이루어지기도 했다.[59]

---

58 최승희, 「조선민족무용기본I」, 조선예술출판사, 1958, p2.
59 김채원, 「로컬로서의 북한춤」, 공연과리뷰 103호, p93.

칼춤(김성민)

장고춤(김성민)

쟁강춤(김성민)

부채춤(김성민)

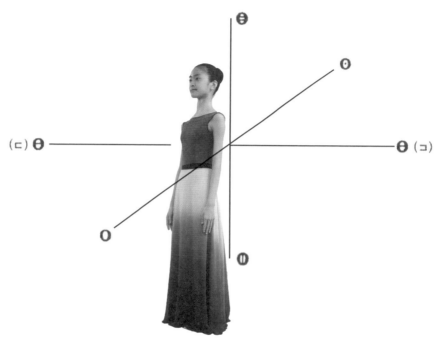

올림–내림자리부호

몸 부위의 방향문자 :

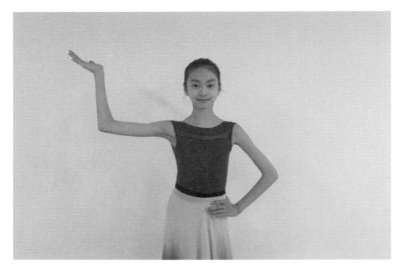

어기기

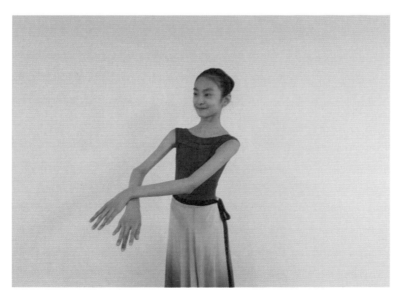

넘기기

「조선예술」을 근거로 북한 무용은 '민족적', '혁명적', '혁명전통'으로 현대성과 진실성이 강조됨을 알 수 있다.[60] 그들이 창작한 춤은 노동 정신, 애국정신, 낭만성을 담아내면서 북한이 꿈꾸는 유토피아를 표현해 왔다고 할 수 있다.

조선의 자모식 무용표기법은 아주 쉽게 이해되고 세련되어 보였다. 그리고 부호의 가운데 둥근 원을 놓고 부호들을 간편하게 결합한 것은 기발한 착상으로 매우 논리적이었다.

북한의 춤은 혁명무용이든 민속무용이든 여전히 모든 춤의 기본에 한민족의 의미가 새겨져 있다는 것을 볼 수 있으며, 한민족의 역사 문화를 공유했다는 점은 두말할 나위가 없다.

---

60 김은한, 『북조선 민속무용의 사적기행과 예술사상』, 인간문화연구소

4

독일 – 라반로테이션

현재 국제적으로 널리 통용되는 무보법은 20세기 초 독일의 무용이론가 루돌프 본 라반이 고안한 '라반 무보법'이다. 국내에는 보통 '라반로테이션(Labanotation)'이라고 알려져 있는데 주로 영미권에서 쓰는 용어이고, 유럽에선 '키네토그라피 라반(Kinetographie Laban)'으로 불린다.[61]

루돌프 본 라반(Rudolf von Laban, 1879~1958)은 1879년 체코슬로바키아의 브라리스타나에서 태어났다. 그는 유년 시절 자연 속의 대화를 즐겼으며, 부친을 통해 움직임에 대한 창조적인 생명력에 관심을 갖

---

61 J.B.알터, 김말복 옮김, 『무용의 그 실제와 이론』, 예전사, 1991, p204.

라반로테이션기호와 라반

게 되었다. 부친의 군인 생활은 라반에게 군인 교육의 영향을 미쳤으며, 군대의 절대적인 동작들인 '전체 질서'가 그의 창조적인 역량에 영향력을 미쳤다.[62]

라반은 자신의 관심사인 예술을 공부하기 위해 21세 때 파리로 떠났다. 라반이 춤 예술에 눈을 뜨기 시작한 것은 16세 때였는데, 그 결정적 계기는 「움직이는 그림」 속에서 인간의 의지와 감정에 대한 표현이 숨겨져 있음을 발견한 것이었다.[63]

라반의 이론은 춤 교육, 춤의 움직임, 치료, 민속학, 춤 구성 등의 개념으로 실제에 접근한다. 일례로 움직임의 4가지 물리적 요소인 무게(weight), 시간(timing), 공간(space), 흐름(flow)은 역학적인 관계에 있다고 설명한다.[64]

그가 고안해 낸 '라반무보법'은 신상미의 "무용학적 관점에서의 한국 춤 움직임"(1997)을 통해 한국에서 큰 반향을 일으켰다. 이 논문은

62 두산백과사전.
63 이찬주, 『춤-all that dance』, 이브, 2000, p78.
64 『Valerie Preston』, 1963, p9.

라반의 움직임 이론으로 살풀이춤을 분석한 결과를 제시한다. 여기서 보표 기록은 1995년 미국 오하이오 주립대학교 출신의 유시현의 『한영숙 살풀이춤』에 수록된 기록을 사용했다.

신상미는 라반(Laban)이 고안한 라반로테이션의 오픈체계분석에 대한 라반로테이션 자격증을 소지하고 있었으며 라반로테이션의 세계적 권위를 인정받고 있는 오데트 블룸(Odette Blum)[65]의 지도에 따랐다. 이 연구에 객관적 분석을 수행하는 관찰자는 무용전문가로 인정되는 대학원생 7명으로 구성되었다.

이 연구는 흥미로웠다. 보표 분석을 제시한 신체에 대한 사용 빈도는 팔, 어깨, 다리, 가슴, 머리 순이었고 객관적 분석에서는 팔, 어깨, 발, 손으로 나타났다. 심층면담 분석에서는 위의 분석과 다르게 무릎, 발, 팔 등으로 나타난 것으로 기억된다.

한국무용으로 한복이라는 풍성한 모양적 특성이 있어 움직임의 특성의 무게 측면에서 볼 때 보표 분석과 객관적 분석에서 차이를 나타냈다. 시간 항목에서는 한국무용이 가진 즉흥적인 배경 수행자의 감정에 따른 변형박자가 다양해서 달라지는 박자를 정확하게 측정할 수는 없었다. 하지만 공간의 경우 춤길과 팔 움직임의 공간 조화의 그 특징을 파악할 수 있었다. 결과적으로 살풀이춤의 분석 결과가 라반의 표기법과 일치하지는 않았으나 한국 춤의 특성을 찾아내는 한 표기법

---

65 오데트블룸의 모티프 기술(Motif Description)은 움직임을 그 본질인 행동과 고요함으로 요약하는 라반로테이션(Labanotation)의 한 형태이다.

라반

으로서 나름대로의 의미는 있다.

라반은 육체의 움직임을 분석하고 공간이론을 확립하였으며, 1928년에 움직임의 기보법(記譜法)인 '로테이션'을 고안해 냈다. 이후 라반의 연구는 그의 제자 겸 동료였던 알브레히트 크누스트에 의해 더욱 체계적이고 과학적인 기록법으로 완성되었다. 라반 움직임 분석(Laban Movement Analysis, LMA)은 그의 제자들로 하여금 기존 움직임 이론을 발전시킨 분석체제이다.[66] 심리학, 사회학, 인류학적 지식이 적용되어 상호 작용 패턴, 움직임 묘사와 해석을 위한 언어체계를 분석한다.

이에 그는 움직임의 분석 도구를 넘어 인간의 삶을 이해하는 내적 경험과 정서가 외형적 움직임을 통해 해석되길 바랐다. 그래서 라반은 외형적인 움직임을 분석할 뿐만 아니라 인간의 삶을 이해할 수 있는 내적 경험과 정서에도 접근했다.[67]

사실 라반로테이션은 신체의 움직임을 담아 감정을 표현하는 동작

66 김기화, "라반 Effort 요인들의 의미 생성 구조와 여덟 가지 기본 Eeffort Action들의 정서적 기호 해석 적용 가능성 고찰", 한국무용연구」, 제27권 제1호, 2011, p185.

67 강성범, "살풀이춤과 지젤에서 표현하는 정서 '한'의 LMA분석", 한국무용동작심리치료학회, 제7권 제1호, 2006, p23.

을 담고 있다. 인간의 희로애락을 표현하는 움직임 분석은 LMA 움직임 질적 분석이론(Laban Movement Analysis)을 적용한다.[68]

우리나라에서도 라반의 움직임 분석 체계 수용이 활발히 이루어지고 있다. 움직임의 의미를 파악하고 세밀한 감정 표현까지 관찰할 수 있는 분석법은 무게 지시의 유형, 수준의 변화, 공간에서의 병행, 움직임의 경과 등을 파악하는 데 용이하다.[69]

라반은 움직임을 '표현적 움직임'과 '기능적 움직임'으로 구분하였다.[70] 그는 움직임의 특성이 심리적 특성과 관련 있다고 보았고, 움직임 속에서 인간의 의지와 감정이 내재되어 있음을 일찍이 알아챘다.[71]

그는 자신의 경험에서 나오는 자연스러운 춤을 라반로테이션에 추가하였다. 일반 노동자들을 관찰하면서 인간 행동 능력과 성격을 파악할 수 있었다. 이를 통해 움직임의 구조와 특징을 체계화하여 움직임 이론의 틀을 확립하였다.

라반로테이션(Labanotation)은 움직임 기초를 창안해 인간의 구조를 세밀하게 그려 내는 기보이다. 이 기록 방법은 일회성인 춤을 기록하여 보존하는 데 그 가치를 지닌다.

---

68 신상미, "무용학적 관점에서의 한국춤 움직임 분석 및 방법론 탐색", 한국무용예술학회, 제1권, 1998, p35.
69 조하나, "인간기본경험에 따른 움직임 표현의 LMA분석", 2010, p33.
70 Laban, Importance RCSMD20.
71 이덕희, 『불멸의 무용가들』, 문예출판사, 1989, p32

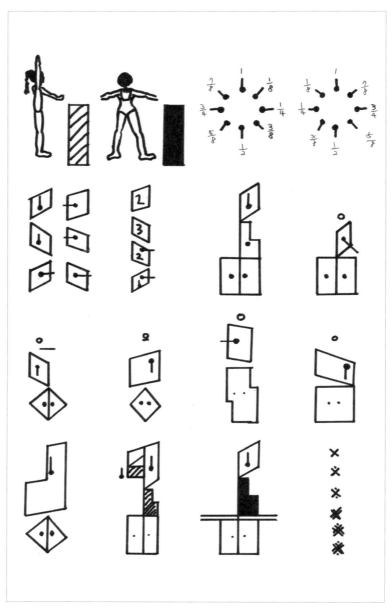

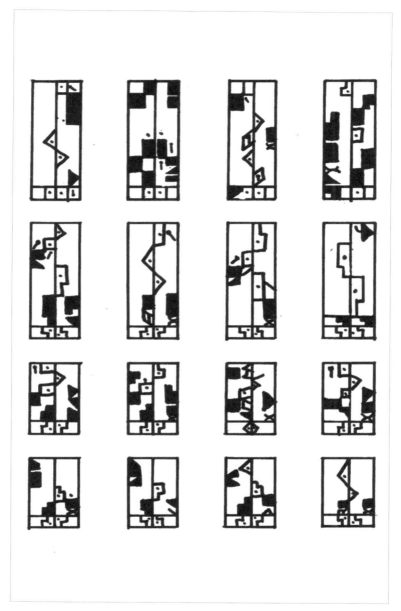

20세기 만들어진 라반의 무보법은 체중의 이동, 신체의 제스처를 움직임을 드러내며 이는 힘의 유동(Flux)으로 보았고 이러한 작용력을 에포트(Effort: 작용력)로 불렀다. 에포트는 내면과 이면을 연결하는 움직임이다.

라반은 『현대의 교육무용』에서 "자유로운 춤의 기술은 어떠한 스타일로 규정지을 수 없다."[72]고 했다. 이러한 기술의 연마는 무용수의 '에포트' 표현성을 증대시킨다. 그러므로 무게, 시간, 공간, 흐름을 파악하는 것이 기반이 되어야 한다고 주장한다. 폭넓은 움직임의 영역을 발견할 수 있도록 기초 움직임의 주제와 자유로운 춤 테크닉을 제안했다.[73]

라반의 에포트는 세 종류로 나눌 수 있다. 첫째, 한 가지 동작 요소로 점차 변화하며 자연스럽게 이전하는 점진적 변화와 둘째, 두 가지 동작 요소가 동시에 변화하는 다소 빠른 변화이며 셋째, 세 가지 동작 요소가 동시에 변화하여 대조적인 에포트 동작으로 빠르게 이전하는 갑작스런 변화이다. 그리고 움직임에 작용하는 무게, 시간, 공간, 흐름을 명확하게 파악해 나간다. 하나의 움직임이 다른 움직임으로 이어질 때 흐름이 그대로 유지되어 에포트를 형성한다.[74]

라반 움직임의 4가지 물리적 요소인 무게(weight), 시간(timing), 공간(space), 흐름(flow)은 역학적인 관계에 있다. 무게(weight)는 위치

---

72 라반, 『현대의 무용교육』, 현대미학사, 1999, p32.

73 『Rudolf Laban, Modern Educational Dance』(London: Macdonald and Evans,1948.)

74 이찬주, 『춤-all that dance』 이브출판,2000, p81.

의 변화, 평형 상태 유지 필요의 에너지, 근력의 정도에 대한 이해이다.[75] 시간(timing)은 춤 공간을 메우기 위한 에너지로 사용된다. 공간(space)은 춤의 움직임을 통해 플러스(plus)를 만들어 가는 과정으로, 라반은 공간 사용에 있어서 몸에 미치는 공간과 몸에 미치지 못하는 공간으로 나누고 이를 역동적 공간과 일반적 공간이라 불렀다. 흐름(Flow)은 내적 동작의 리듬으로서 공간, 시간, 무게의 동작의 요소들을 다 포함하며 몸의 다른 부분과 연결되어 지속성을 대변하는 운동의 요인이 된다.[76]

라반은 내적 충동인 에포트를 인간의 내적 태도와 충동의 시각적 상징으로 보았고[77] 움직임을 기호화시켜 쉐이프(Shape)의 형태와 에포트(Effort)의 작용력으로 구분한다.

엄가드 바르테니에프(Irmgard Bartemieff, 1900~1981)의 LMA(Laban Movement Alphabet)는 움직임 연구에 적극적인 활동을 하면서 라반의 움직임 이론에 자신의 신체 해부학적 지식을 기반으로 새로운 접근법인 바르테니예프 기초 원리(Bartenief Fundamentals)를 만들었다. 이로써 움직임의 공간(Space)적 측면을 강조하고 효율적인 자동조직으로 통합하여 움직임의 효율성과 표현성을 발전시키는 움직임 훈련법을 제시하였다. 그는 자신의 기초 원리(Bartenief Fundamentals)에 근

75 「Valerie preston」, 1963, p9.
76 김기석, "R.V Laban의 연구: 무용 교육에 미치는 영향", 한양대학교 석사학위논문, 1993, p30.
77 R.V Laban, 1969, p52~84.

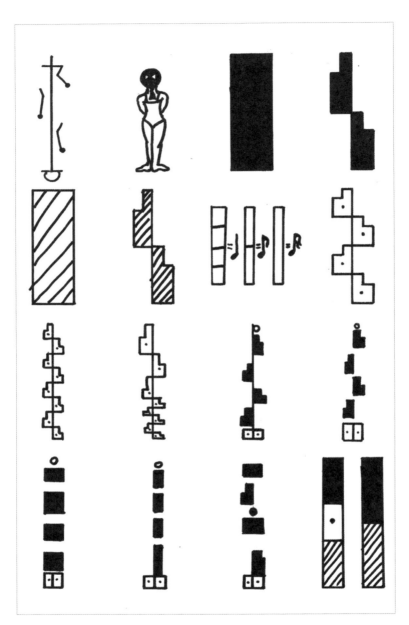

라반무보

거하는 연결성을 발견했다.[78]

바르테니예프는 라반을 미국에서 가르칠 수 있는 자격을 받은 유일한 사람으로 표현 발달을 도모하는 신체 재교육의 기초 원리를 개발하고 집중한 인물이다.

또 한 가지 아동발달을 연구하는 인류학자 재닛 케스텐버그 아미기(Janet Kestenberg Amighi)도 라반 움직임 분석(Laban Movement Analysis.: LMA)을 적용하고 있다.

켄턴버그 움직임 프로파일(Kestunberg Movement profile)은 인간의 비언어적인 행동을 해석하고 평가하기 위한 도구이다. LMA를 확장시켜 움직임 패턴에 에포트(Effort)와 쉐이프(Shape)의 하부 구조를 더하고 심리학적 현상에 맞는 모든 움직임의 특질을 서로 관련시킬 발달 심리학적 접근 방법으로 만들어졌다.

인간이 속해 있는 환경 속에서 외부 자극에 의해 생기는 욕구와 감정을 다루고 있다. 움직임 프로파일은 환경의 도전과 노력의 반응에 대해 반사적인 양식으로 발전되고, 개인의 성장에 따라 진행되는 인간의 노력에 의한 발전 방향을 기술하고 있다.

•Tension Flow: 감정 표현과 움직임, 불안감, 억눌림

----

78 전하윤, "라반 움직임 이론에 기반한 무브먼트 리터러시 교육의 의미", 이화여자대학교 대학원 석사학위 논문, 2017, p51.

•Sossion & Loman : 한 개인의 성장을 반영하며 환기 혹은 비활동이라는 특성을 반영한다고 한다. 움직임의 연속성과 비연속성의 특성 감정의 플로(Flow)를 통제하는 기쁨과 편안함, 불쾌함과 위험이라는 구체적 감정.

• Shape flow : 자신의 표현과 내면에서 느껴지는 감정에 관한 연관성을 의미한다. 편안한 상태에서는 확장된 움직임을 보이고 불안한 상태에서는 제한적인 움직임을 보인다.

•Shaping in Directions: 자신과 타인과의 관계에 있어 경계 구역의 확장을 의미한다. 직선이나 타원 같은 쉐이프(shape)의 움직임을 공간 속에서 사람과 환경 속의 대상을 연결하고 자신의 공간을 방어적 수단으로 사용하는 것으로, 예를 들어 위협적인 대상을 만났을 때 몸은 움츠리는 것이다.

에포트는 내부의 반응을 외부로 유도하는 것으로 내적 충동(Inner impulse) 혹은 내적 태도(Inner attitude)라 한다. 움직임을 구성하는 에포트는 그 움직임의 의미를 찾는 기본 바탕이 된다.[79]

• 무게: 에포트는 중력의 영향을 받아 무게감이 생긴 신체를 사용하는 태도로, 무겁고 강하며 가볍고 약한 특징을 가진다.

79 신상미, 김재리, 『몸의 움직임 읽기: 라반움직임 분석의 이론과 실제』, 이화여자대학교출판부, 2010, p80~81.

- 시간: 에포트는 움직임이 갑작스럽게 빨라지거나 점차 느려지는 특징인데, 속도에 관한 것이 아니라 느려지거나 빨라지는 시간의 변화를 다룬다.
- 공간: 에포트는 움직이는 사람의 관심에서 비롯된 것으로, 방향을 가리키거나 높낮이를 측정하는 개념이 아니라 움직이는 사람이 주위 환경을 인식하는 방법으로 직시하거나(direct) 흩어진(indirect) 특징을 갖는다.

이 중 에포트 인자에서 두 가지 에포트 요소가 존재하는 움직임의 경우를 '에포트 상태(effort state)'라 하며 세 가지 에포트 요소가 결합하는 경우는 '에포트 충동(effort drive)'이라 한다.[80]

---

80 윤지은, "대학무용교육에서 라반움직임 이론 교육 활성화 방안 연구", 이화여자대학교대학원, 박사학위논문, 2018, p33.

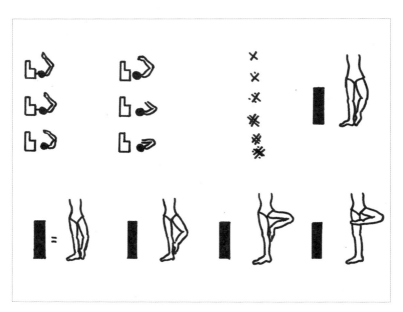

　무용을 기록하는 방법은 단순한 약어법(words and word abbreviations)에서 시작하여 진로도면법(truck drawing), 시각적 막대기 모양 시스템(stick figure)[81]으로 기록할 수 있다. 현대에 들어와서는 영상 매체가 발달하면서 과학적이고 체계적이며 정확한 기록 방법인 라반로테이션을 포함하여 움직임을 기록하는 다양한 방법이 대두된다.

　라반로테이션은 보샹-훼이예(1653~1709)의 무용기록법 등장 이후 20세기에 가장 중요한 무보법으로 떠올랐으며, 단순히 무대 패턴을 기

---

81 『무용보의 역사와 실체: 15세기부터 현재까지의 무용보 시스템 비교』의 분류를 따른다.

록하는 방식을 넘어서 신체 부위와 움직임 구조를 기호로 바꾸어 기록하고 신체를 모방한 에포트의 무게, 시간, 공간, 흐름을 다룬다.[82]

라반로테이션 기본 원리를 살펴보면 세 개의 수직선을 사용하는데, 오른쪽과 왼쪽을 구분하고 양편으로 다른 부분을 나타낸다. 중심선을 기준으로 지지(supports), 그리고 신체기호가 다른 부분의 무게를 지탱할 경우 첫 번째 면 안에 표기된다. 두 번째는 다리 동작(leg gestures)을 표기한다. 세 번째는 몸통을 나타내고, 네 번째 면은 팔(the arms) 전체의 움직임 방향을 표기한다. 다섯 번째 면은 손(the hands)을 나타내고, 여섯 번째 면은 머리(the head)의 움직임을 표기한다.[83] 신체기호는 라반로테이션과 모티프 표기법에서 동일하게 사용한다.

라반이 만든 모티프 표기법(Motif writing)은 라반과 함께 연구했던 앤 허친슨 게스트(Ann Hutchinson Guest)와 발레리 프레스튼 던롭(Valerie preston Dunlop)에 의해 더욱 발전되고 체계화되어 움직임의 특징적인 요소만을 기록하고 분석하는 이론으로 만들어졌다.

---

82 Craine. B & Mackrell, 『Oxford dictionary of dance』, (New york: Oxford university press), 2010, p261.

83 앤 허친슨, 신상미·전유오 역, 『라반로테이션·키네토그라피 라반−움직임 분석 및 기록 체계』, 대한미디어, 2004, p22~24.

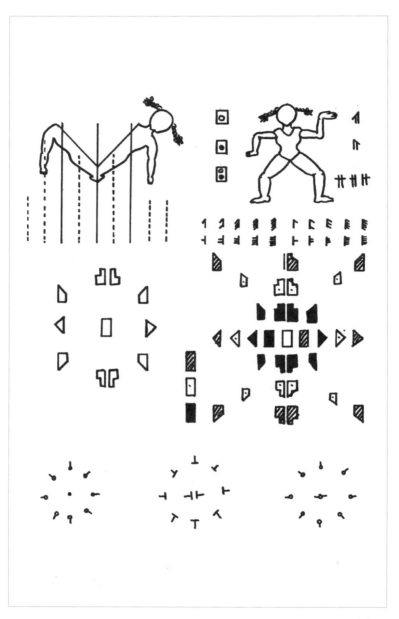

라반무보

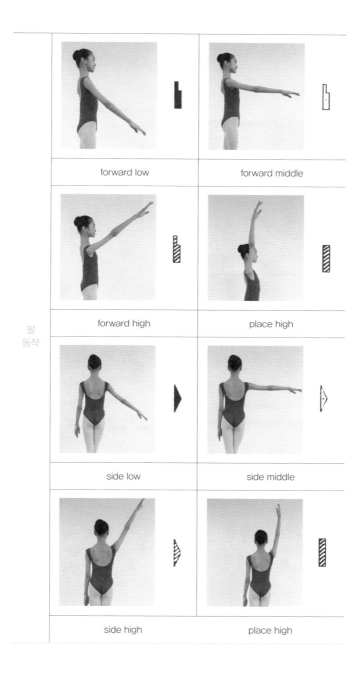

팔
동작

forward low	forward middle
forward high	place high
side low	side middle
side high	place high

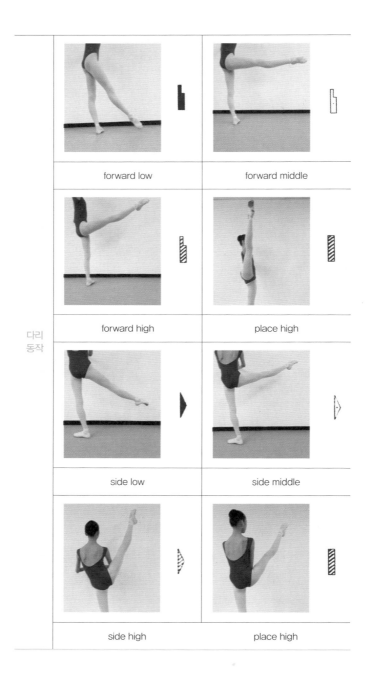

다리
동작

모티프 표기법은 움직임의 동기, 아이디어, 목적, 의도를 묘사하는 시스템이다. 라반로테이션과 달리 모티프기호는 간단한 묘사적 특징을 지니고 있어서 남녀노소나 실기에 전문적 지식 없이도 움직임을 읽고 이해할 수 있는 분석법이다.[84]

라반표기법을 살펴보면 시간(박자) 긴 기호는 느린 동작을, 짧은 기호는 빠른 동작을 나타낸다. 지속 기간은 공간으로 표시된다.[85] 무게(weight)는 높은 높이(high level), 중간 높이(middle level), 낮은 높이(low level)가 있다. 높은 높이는 빗금으로 채운 기호(圓)를 사용하고, 중간 높이(圓)는 중간에 점(圓)을 찍어서, 낮은 높이는 색깔을 채워 넣어 구분한다. 이는 단순히 움직임의 공간적 위치만 알리는 것이 아니라 중력과 무게까지 내포한 총체적인 상징기호이다. 공간은 방향이다. 방향은 9개의 방향과 3개의 높낮이가 합쳐진 총 27개의 방향이 있다.

라반로테이션과 모티프 표기법은 라반의 공간 조화 이론을 바탕으로 하고 있기 때문에 두 기록법의 방향은 동일하다. 방향은 자신의 신체를 기준으로 위와 아래, 오른쪽과 왼쪽, 앞과 뒤가 있으며 9가지 방향이 높낮이에 따라 위, 중간, 아래로 나뉜다.[86]

---

84 김보미, "초등학교 표현활동 수업을 위한 라반모티브 활용 방법탐색", Asian Journal of physical education and sport science 2, 2013, pp63~64.

85 김경희 편저, 『라반로테이션』, 눈빛, 1998, p12.

86 전하윤, "라반움직임에 기반한 무브먼트 리터시 교육의 의미", 이화여자대학교 대학원 석사논문, 2017, pp38~40.

국내에서는 라반 움직임 분석(Laban Movement Analysis.: LMA)을 적용한 한국 춤 분석 연구를 진행하고 있으며, 특히 한국 춤에 내재된 인간의 희로애락을 살펴보는 데 유용하다. 일례로 〈살풀이춤〉과 서양 춤 〈지젤〉을 LMA로 분석한 강성범(2006)의 연구를 들 수 있다.[87] 그는 살풀이춤으로 표현된 한국인의 '한(恨)'의 정서와 지젤이라는 인물이 겪은 비극적 감정을 동일하게 보고 LMA의 질적 분석 방법과 움직임 특징을 기록하는 모티프라이팅 기보법을 적용하여 분석했다.

내용을 살펴보면, 살풀이춤의 첫 자세는 무대 가운데 위치하고 몸 방향이 왼쪽을 향해 있다. 춤이 시작되면 위로 상승( )하고 다시 아래로 내려오며( ) 움직임을 준비한다. 춤이 시작되면 수건을 배꼽 앞 사선 아래로 뿌리면서 몸과 호흡이 위로 상승했다가 굴신 동작으로 내려온다. 본 장단으로 들어가면 왼쪽 무릎( )을 접으며( ) 중간 공간( )으로 들어간다. 약간의 짧은 멈춤( ) 후 오른팔( )을 중간 앞( )으로 들어 준다.

무용수는 왼쪽 다리( )를 접으며( ) 중간 공간( )으로 올리는 것과 동시에 오른팔( )을 앞쪽 높은 공간( )으로 올린다.

살풀이춤의 성격을 잘 나타내는 도입부 부분의 모티프이다.[88]

---

87 강성범, "살풀이춤과 지젤에서 표현하는 정서 '한'의 LMA 분석", 무용동작심리치료학회 Vol.7 No.1, 2006, p75.
88 강성범, 위의 논문, p16.

정육면체 사선적형태(박주은, 살풀이춤)

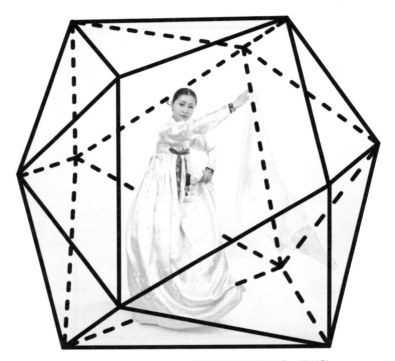

20면체 평면적 형태(박주은, 살풀이춤)

강성범에 의하면 〈지젤〉 독무에서 비극적 감정을 표현한 움직임을 LMA로 분석해 보면 상체 선을 살린 동작과 수직으로 뻗는 도약 동작이 강조되고, 팔에서 에포트적인 무드가 흐르며, 하체로 앙트르샤(Entrechat) 동작을 할 때 짧은 도약이지만 다이내믹한 에포트가 밖으로 분출되는 것을 알 수 있다고 한다.

〈지젤〉 2막에서는 영혼의 움직임을 표현하는 장면이 있다. 이때 신체의 무게감이 가장 적게 느껴지도록 해야 하므로 발의 부딪힘과 다리의 도약을 빠르게 하고 위로 향하는 팔은 하염없이 천천히 움직인다. 그래서 관객은 무중력의 상태를 느끼게 된다. 그리고 잦은 데미 플리에(Demi-plie) 동작에서 발뒤꿈치를 들고 상체 호흡을 위로 올리며 몸통을 앞으로 밀어 바람에 날려가듯 걸어간다. 또 무대에서 사선 방향으로 이동할 때는 부레 동작으로 조금씩 이동한다.[89]

키네스피어 안에서 제2막은 사선이 중심이 된 삼차원 공간 안에서 이루어지고 있다. 가까운 거리보다는 중간 거리의 공간(middle space) 또는 먼 거리 공간으로 공간적 긴장(Far Reach Spatial Tension)을 사용하여 토슈즈로 발끝에 서 있는 더 높은 공간의 사용을 이룬다.

〈지젤〉의 모든 움직임은 몸통을 중심에 두고 바르테니에프 기본의 노력과 회복 기능의 반복적인 연결로 인하여 전체 움직임에 리듬감을 넣고 있다. 횡단적 긴장과 몸통을 안으로 모으는 중심적 긴장의 느낌

---

89 강성범, 위의 논문, p22.

을 준다.

　움직임의 시작은 무용수가 무대중앙(▣)에서 정면을 향해(⊥) 서 있고 몸 전체(⧖)가 높은 공간에서 중간으로 내려오며(⧮) 이루어진다.

　본 음악으로 들어가면 무용수는 오른쪽 다리를 접은 상태(⧨)에서 오른쪽 위(▷)로 들고 이때 양팔은 중간 공간을 거쳐 높은 공간(‖)으로 천천히 들어 올린다. 이 움직임의 공간적 긴장은 중심적 공간 긴장(⊘)과 절제적 흐름의 에포트(↙)를 사용한다.

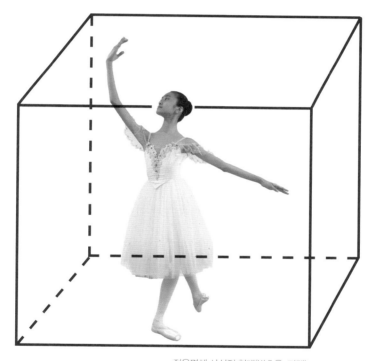

정육면체 사선적 형태(변호윤, 지젤)

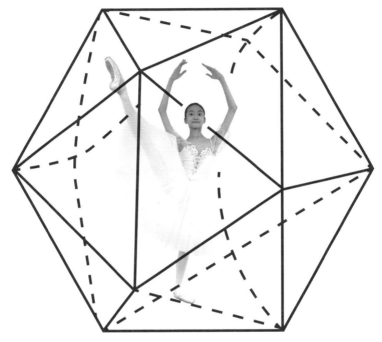

20면체 평면적 형태(변호윤, 지젤)

다음은 오른쪽 다리를 뒤 중간 공간(▯)으로 이동시키며 오른팔은 앞쪽 높은 공간(▯)으로, 왼팔도 왼쪽 중간(▯)으로 움직인다. 이 동작을 행하며 무용수는 몸 방향을 오른쪽 앞 사선(▯)을 향하게 된다. 움직임 역시 중심적 공간긴장(▯)이 사용된다.

강성범의 〈지젤〉 '한'의 LMA 분석[90]은 춤 움직임을 신체의 에포트와 공간의 쉐이프로 구분하여 이 카테고리의 상호 관계에 대해 분석하고 춤의 LMA로 종합하였다.[91]

한국에서는 앞서 언급한 신상미의 1997년 살풀이춤 분석을 시작으로 관심을 갖기 시작하여 '2002 세계 춤표기법 심포지엄 및 재현공연'에서 외국 무용수들이 라반 무보법으로 한국 춤을 재현하는 실험이 있었으며, 현재는 정서를 표현한 춤 재현이 가능하다는 것을 입증하고 있다. 이에 우리는 라반의 무보표기체계를 움직임 교육을 위한 중요한 수단으로 여기고 있다. 라반이 내적 충동인 에포트를 '인간의 내적 태도와 충동의 시각적 상징'으로 설명하고 그의 이론 속 에포트(Effort)로 내면적 충동이나 요구에 의하여 솟아나는 에너지를 움직임에 반영되도록 한 점에 그 중요성이 있다.

라반표기법은 세계적인 공통 언어로서 기능을 하며 신체 움직임을 기록하는 방법을 발견하였다는 점에서 춤 연구에 기여한 바가 크다.

---

90 강성범, 위의 논문, p30.

91 CMA(Certified Movement Analysis), SSM(CMA 라반로테이션 자격증), KJL(CMA), JMH(라반로테이션자격증, 모티프라이팅 전문가), KHJ(라반로테이션자격증, 모티프라이팅 전문가)

한국
춤의 기록

최승희부채춤, (변월룡,1954)

승무 – 한자 동작소표기

불교의 영향을 받은 승무는 한국 춤의 정수라고 할 수 있다. 승무는 긴 장삼이 그리는 선의 아름다움을 보여 주고 인간의 희비를 높은 차원에서 극복하고 승화시킨 춤이라 평가되고 있다.[92] 이 춤은 이매방류로 전해지는 호남형 승무와 한영숙류로 전해지는 경기(중부) 승무로 구분된다. 승무의 기원이나 유래를 정확하게 입증할 자료는 부족하지만 호남형 승무는 이대조로부터 이매방에게로 전승된 것이며, 경기 승무는 한영숙이 그녀의 조부인 한성준으로부터 이어받은 것으로 알려져 있다.

---

92 권윤방·김미자·최청자·김을교·황규자 편저, 『무용학』, 도서출판 금광

승무의 기원설은 여러 가지인데, 그중 불교의 교리적인 입장에서 찾아본 설에 의하면, 세존께서 영취산에서 법화경을 설할 때 천사색(天四色)의 채화(採花)를 내리니 가섭이 이를 알아차리고 즐겁게 춤을 추었다는 설이고, 민속춤의 입장에서 본 여러 가지 설은 (1)지족선사와 황진이 무용설, (2)동자무(童子舞)설, (3) 김만중의 소설 구운몽설, (4) 파계승의 번뇌설, 그 밖에 탈놀이에 있는 노장춤이 승무의 기원이라고 하는 설[93]이다. 그러나 어느 것이 확실하다고 얘기할 수 없다.

불교에서는 신업공양(身業供養)이라 하여 "온몸으로 동작을 지어 불전에 공양을 올린다."라는 의미로 작법무(作法舞)를 춘다. 작법무는 다른 말로 법무(法舞)라고도 하며 승려들이 불법(佛法)을 전하거나 재(齋)를 올릴 때 추는 법고춤, 나비춤, 타주춤, 바라춤 등이 있다. 불교 의식무에서 기원하였다고 전해지는 승무는 종교적인 색채가 깃들어 있고 작법무 형식과도 유사하지만, 인간의 번뇌와 해탈의 의미를 담고 있는 우리나라의 대표적인 민속춤으로 구분되고 있다.[94]

이렇듯 승무는 다양한 기원설을 갖고 있기 때문에 무엇으로 단정 짓기 어렵지만, 그 기원을 추정하여 최초의 형태와 발전 과정을 추정할 수 있다.

승무는 한국 춤의 정수라고 할 수 있으며, 기본적인 춤동작이 집약되어 있고 한국 춤의 기본 틀이 담겨 있어서 다른 민속춤에 비해 우리

---

93 『중요무형문화재해설: 무용, 무예 음식편』, 문화공보부 문화재관리국, 1990, p87.
94 김천흥, 홍윤식– 무형문화재 조사보고서 제44호 승무, 문화재 관리국

춤의 미적 가치와 정서가 잘 드러나는 춤이다.

승무는 서울·경기 지역의 한영숙류 승무와 호남 지방의 이매방류 승무 그리고 화성재인청의 이동안류 승무로 크게 구분된다. 먼저 한 영숙(1920~1990)류 승무는 한영숙의 조부 한성준(1874~1941)으로부터 전해졌다. 한성준은 1900년대 협률사, 광무대, 원각사 같은 극장에서 공연을 했으며 1908년 원각사에서 단원들에게 춤을 지도하였다. 1936년 조선성악연구회에서는 승무부를 따로 두어 한성준이 '승무 부' 이사[95]를 맡았을 정도로 이 춤에 열의를 보였다. 한성준은 그 춤을 손녀 한영숙에게 전수하였다.

한영숙류의 승무는 특히 염불 과장에서 몸 방향이 객석 측으로 방향이 많으며 시선의 방향이나 높이도 대체로 상향 지향적이며 공간의 고도도 중간 이상이 많고 정적이며 수평적이다.[96] 이는 무대와 관객이라는 요소 때문인 것으로 짐작할 수 있다.

호남 출생인 이매방(1927~2015)의 승무는 일본식 권번(券番)에서 시작된 춤이다. 권번이란 일본식 교방을 의미하며, 일제강점기에 기생조합이라 불렸다가 1918년에 지금의 명칭으로 바뀌었다.

이매방류 승무는 몸의 방향이 우측과 좌측 등 방향이 고루 분포되어 있고 시선 방향이 대체로 하향 지향적이다. 공간 구도에 있어서 중간보다는 높고 낮은 공간 사용이 많이 나타난다. 또한 무대의 전후좌

---

95 김연정, 『한국춤연구』, 민속원, 2007, p240.
96 김은숙, "한영숙 승무와 이매방 승무 춤사위의 비교분석", 한국무용사학회, 2007, p.143.

우의 구성이 뚜렷하지 않고 원형으로 공간 구성을 보여 준다고 한다. 일반 무대와 달리 권번의 생활이나 활동 공간은 한옥의 구조를 띠고 있었으므로 춤추는 공간은 대개 방이나 마루가 될 것이다. 춤추는 사람 역시 사람들이 잘 볼 수 있게끔 사방을 고려하여 움직였다고 할 수 있다. 그래서 한 방향이 아닌 여러 방향으로 구성된 춤을 추었던 것으로 보인다. 승무의 무복(舞服)으로는 일반적으로 승복을 착용한다. 승무의 기원설 가운데 불교의식무를 생각하면 쉽게 알 수 있다. 또한 어깨에서부터 늘어뜨려 허리에 매는 홍띠를 착용하는데, 이는 불교 재의식에서 추는 나비춤의 하얀 장삼과 법고춤의 홍가사에서 연유된 것이다. 머리에는 고깔을 쓴다.

무구(舞具)로는 보통 북, 북틀, 북채를 사용한다. 북은 불교의식에 사용되는 법고(法鼓)와 비슷한 형태의 것을 사용하며 보통 승무 북이라고 부르는데 북틀에 걸거나 얹어 사용한다. 북, 북틀, 북채는 모두 춤추는 사람의 체격에 따라 적절한 것을 사용할 수 있다.

한자표기법은 동작소(動作素) 배열(配列)로 '〈춤사위〉+〈춤사위〉=' 의 기호(記號)로 표기하여 동작군(動作群)을 살펴보는 것으로, 동작소는 정병호에 의해 명명된 용어로 춤사위를 구성하는 가장 작은 낱낱의 한자 동작을 지칭한다.[97]

---

97 김미자, "춤사위를 구성하는 기본동작소에 관한 연구", 부산대학교 석사논문, 2017, p2.

1. 평(平): 팔을 들어 편 사위

2. 사(斜): 비껴든 사위

3. 좌(座): 얹은 사위

4. 괘(掛): 끼는 사위

5. 한(閑): 여미는 사위

6. 확(擴): 뿌리는 사위

7. 도(跳): 뛰는 사위

8. 도(蹈): 딛음 사위

9. 강수(降手): 팔 내리는 사위

10. 거수(擧手): 팔 올리는 사위

11. 좌(坐): 앉는 사위

12. 학(鶴): 학사위

13. 족굴(足屈): 발굽히는 사위

14. 수(首): 목놀이 사위

15. 견(肩): 어깨놀이 사위

16. 거족(擧族): 한 발 든 사위

17. 정(停): 멈추는 사위

18. 진(進): 앞으로 가기

19. 퇴(退): 뒤로 가기

20. 점(點): 찍는 사위

21. 합(合): 모으는 사위

22. 개수(開手): 펴는 사위

23. 수굴(手屈): 손 굽히는 사위

24. 회(回): 도는 사위

25. 원(圓): 공 그리는 사위

26. 회수(回手): 감는 사위

27. 후보(後步): 뒷걸음 사위

28. 측보(側步): 옆 사위

29. 우(右): 우측의 움직임

30. 좌(左): 좌측의 움직임

31. 반회(半回): 반회전 사위

32. 회(回): 회전사위

33. 정(靜): 고요한 움직임

34. 중(重): 정중한 움직임

35. 평(平): 균형 잡힌 움직임

36. 경(輕): 가벼운 움직임

37. 동(動): 동적인 움직임

승무(이매방류) 동작군

1. 〈합장하여 엎드림〉 〈양팔 펴기〉 〈모아 뿌림〉 〈왼손 얹고 엎드림〉
   – 4동작군

2. 〈옆 뿌림〉 〈왼손 얹고 오른손 뿌림〉 〈왼손 얹고〉 〈앉아서 멘다〉
   – 4동작군

3. 〈위로 뿌림〉 〈옆으로 뿌림〉 〈모아서 앞으로 뿌림〉 〈꼬리 펴기〉
   – 4동작군

4. 〈위로 뿌림〉 〈오른손 왼팔 걸치기〉 〈돌며 양팔 펴기〉 〈오른손 뿌
   림〉 – 4동작군

5. 〈위로 뿌리고 앉기〉 〈오른손 얹고 뒤로 젖히기〉 〈어깨에 메기〉
   – 3동작군

6. 〈위로뿌림〉 〈모아 앉기〉 〈사선 펴기〉 〈얹고 제치기〉 〈위로 뿌림〉
   – 5동작군

7. 〈위로뿌림〉 〈꼬리 펴기〉 〈앞뒤치기〉 – 3동작군

8. 〈왼손 앞으로 뿌리고 앉기〉 〈옆으로 두 손 모아 돌기〉 – 2동작군

9. 〈위로 뿌림〉 〈앞뒤로 들기〉 〈위로 뿌림〉 〈앞으로 뿌림〉 – 4동작군

10. 〈꼬리 펴며 앉기〉 〈모아서 위로 뿌림〉 〈얹고 제치기〉 – 3동작군

11. 〈위로 뿌림〉 〈모았다 다시 위로 뿌림〉 〈몸 틀어 뿌리기〉 – 3동작군

12. 〈오른손 위로 치기〉 〈양팔 펴기〉 〈왼손 뿌리고 돌기〉 〈양손 모
    으기〉 – 4동작군

13. 〈오른손 얹은 채 몸통비틀기〉 〈폈다가 오른손 얹고〉 〈연풍대〉
    〈오른손 위로 뿌림〉 – 4동작군

14. 〈오른손 달려 나가 앞으로 뿌림〉〈앉았다 양팔 펴고 위로 뿌림〉〈앞뒤로 펴기〉 - 3동작군

15. 〈오른손 바깥으로 치기〉〈양팔 펴고 돌기〉〈두 손 모으기〉 - 3동작군

16. 〈꼬리 펴기〉〈뒤로 가면서 위로 뿌림〉〈엎고 제치기 2회반〉 - 3동작군

17. 〈위로 뿌림〉〈땅에 양팔 펴고 엎드림〉〈앉아서 어깨메기〉 - 3동작군

18. 〈뒷사선 펴기〉〈엎고 제치기〉〈양팔을 옆으로 뿌리고 북으로 감〉 - 3동작군

이매방 승무 춤 사위 :

합장	엎드리기	일어서기	돌기	꼬리펴기	고개돌리기	몸틀기	뿌리기							메기		엎고 제치기		앞뒤치기	자락치기	펴기	
							위로뿌리기	사선으로뿌리기	뒤로뿌리기	옆으로뿌리기	흰쪽으로뿌리기	감아서뿌림	앞으로뿌림	양손으로메기	한손으로메기	한손만	양손			사선으로펴기	양팔옆으로펴기
3회	6회	3회	8회	4회	5회	1회	5회	16회	2회	1회	5회	4회	5회	4회	1회	4회	3회	2회		3회	4회 87회

승무의 주요 춤사위 : ⁹³

	춤사위	설명(상세)
예비동작	엎드림	장삼을 몸 앞으로 펴고 엎드려 있는 자세. 장삼의 소매 자락을 교차해 왼발은 안으로 오른발은 밖으로 놓고 엎드린다.
	모음	합장하는 자세로 두 손을 다소곳이 모은다.
	몸통비틀기	엎드린 자세에서 오른쪽 어깨를 오른쪽으로 움직여 가서 몸통이 비튼 자세를 이른다.
연결동작	감기	한 손은 배 쪽으로 한 손은 등 쪽으로 손을 감는다.
	팔 일자 펴기	한 팔 또는 두 팔을 펴서 평행선이 되게 만든다.
주된동작	뿌림	꼬아서, 돌려서, 뛰어서, 번갈아, 감아서, 던져서, 옆으로, 앞으로, 위로, 뒤로.
		뿌림은 말 그대로 뿌리는 동작으로 동작 모양의 형태와 방향에 따라 접두어를 붙여 다양하게 사용한다.
후속동작	팔 내리기	한 팔 또는 두 팔을 내리는 형태로 장삼을 입고 추는 만큼 서서히 내리는 동작이다.
	꼬리치기	손목으로 살짝 장삼자락을 치는 동작으로 부드러운 옷자락의 선을 만들어 낸다.
	궁체	활 모양이 펴지는 동작으로 힘이 있고 무겁게 활 사위를 당기듯 펴며 장삼을 뿌린다.
발동작	디딤	발바닥 전체를 바닥에 붙이는 시점부터 바닥에서 떨어져 걷는 것으로, 정박에 한 번 딛는 디딤을 일컫는다. 디딤은 오른발, 왼발을 교대로 딛는다.
	비디딤	한 발을 두 번씩 딛는 걸음으로 디딘 후에 자연스럽게 따라오는 발걸음이다(일명 투스텝).
	까치걸음	디딤 중의 섬세한 걸음걸이로서 주로 정지된 사위와 뿌림사위 뒤에 연결된다.
	연풍대	회전하는 사위를 말하며 오른손을 뿌리면서 오른발을 회전 방향으로 딛고 가슴을 젖혀 왼손을 뿌리면서 왼발을 오른발 옆으로 디뎌 회전한다.
	잉아걸이	까치걸음처럼 빠른 걸음으로 걸어가 추는 보법으로 발디딤의 각도가 3자형으로 걸어가는 보법이다.
	발 들기	한 발을 가볍게 들고 정지하는 동작을 말한다.

이매방류와 한영숙류 승무 외에 이동안류 승무도 있다. 이동안 (1906~1995)류 승무는 경기도 무형문화재 제8호로 지정되었으며 화성 재인청류로서 연극적인 요소가 가미되어 있다. 다른 지역의 승무와 달리 독특한 유래설을 가지고 있는데 앞서 설명했던 기원들 중에서 불교 기원설, 파계승의 번뇌설, 가면극과 노장설이 그것이다. 이는 근대 극장 무대의 출현과 함께 재인청의 승무를 기본으로 새롭게 짜인 구성의 한 양식으로 보인다.

이상과 같이 1900년대 한성준에 의해 체계화된 〈승무〉는 한영숙을 비롯해, 이매방, 이동안 등에 의해 예술적으로 세련되고 정제된 춤사위로 다듬어졌다.[98]

승무의 기원이나 유래에 대해서 여러 가지 설이 분분하지만 승무의 유래를 짐작할 수 있는 몇 가지 문헌이 남겨져 있다. 이능화의 『조선불교통사-하편』(1990)에 의하면 〈승무〉는 기생이 고깔을 쓰고 장삼을 입고 춤을 추는 것이라고 되어 있다. 이매방 〈승무〉의 경우 특히 교방춤의 특징을 가지고 있다. 교방춤에 관한 기록을 살펴보면 당시 승무와 관련된 내용들을 찾을 수 있다. 김인겸(1707~1772)이 쓴 『일동장유가』를 보면 "의성 기생 윤매와 봉매가 중춤을 추니 구경하고"라는 구절이 나온다. 여기서 말한 "중춤"이 승무를 의미한다는 것을 이매방의 기록을 통해 알 수 있다.

---

98 이찬주, 『승무』, 대전시청, 2017, p 58.

"〈승무〉라고 안 했어. 중춤 중 '슝' 자 아니냐. '슝' 자가 중 '슝' 자 다 들 중침 중춤 잘 추드라이……."[99]

권번 내에서는 〈승무〉라는 용어 대신 사용되었으며 이 용어가 권번이 사라지는 일제 말까지 사용되었음을 알 수 있다.[100]

1866년 홍순학(1842~1892)이 지은 『연행가』에서도 교방춤으로서의 〈승무〉에 대해서 언급하고 있다.[101] 홍순학은 선천(宣川)에 있는 의검정(依劍停)에서 기녀가 추는 〈승무〉를 보고 "우습도다 승무로다"라고 적고 있다.

조선 시대 말기 불교의 신앙 내용을 그린 탱화와 풍속화가 김준근(金俊根)의 그림 중 〈중의 수륙지내는 모습〉, 〈굿중패 노름 놀고〉, 〈중 법고치고〉는 사당패를 지어 놀이를 하는 유랑 집단을 그린 것으로 승무 연구에 중요한 자료가 된다.

99 이매방 구술, 김영희 채록연구, 『한국근현대예술사 구술채록연구 시리즈 67 이매방』, 한국문화예술진흥원, 2006, p88.
100 백경우, "이매방(李梅芳)춤의 양식적 특성으로 본 易學적 분석: 승무, 살풀이춤, 입춤, 검무를 중심으로", 성균관대학교 대학원 박사학위 논문, 2011, p.58.
101 홍순학 저, 『기행가사집』 신구문화사 1976, p36.

종묘일무 – 시용무보

종묘는 조선왕조의 역대 왕과 왕후들의 신주를 모시고 제사를 지내는 유교 사당이다. 태조 4년 종묘가 창건되었고, 좌묘우사(左廟右社)의 원칙에 따라 경복궁의 왼쪽에 위치해 있다. 종묘제향 때 여러 무원(舞員)이 열을 지어 추는 춤을 '일무(佾舞)' 또는 '제례무(祭禮舞)'라고 하며, 제사의 예와 악을 갖추고 경건하게 추는 의식무이다.

종묘일무에는 보태평지무와 정대업지무로 나뉜다. 보태평지무는 조종의 문덕을 찬미하는 춤이고, 정대업지무는 조종의 무공을 찬미하는 춤이다. 두 춤의 제례 절차는 손에 들고 추는 도구와 춤사위에 따라 다르며 보태평지무는 초헌(初獻)에 사용하고 정대업지무는 아헌(亞獻)과 종헌(終獻)에서 쓰인다. 조선 시대 종묘일무는 육일무(六佾舞)로 36명이었다가 1897년(광무 1) 대한제국의 선포 때 육일무가 팔일무(八佾

종묘제례악 중 전폐희문, 영관(국립국악원)

舞)인 64명으로 바뀌었다.[102]

  사실 종묘에 대한 문헌을 찾아보면, 신라가 최초로 『삼국사기』에 신
라 제2대 남해왕 2년(BC 15년) 봄에 처음으로 시조 혁거세의 묘를 세
우고 제사를 지냈다는 기록이 있다. 그 후에도 제사 의식은 백제, 신
라, 삼국시대를 거쳐 고구려까지 줄곧 이어져 왔다.

---

102 송방송, 『한겨레음악대사전』, 보고사, 2012, p89.

종묘일무(국립고궁박물관)

　육일무는 고려조에 대성아악이 유입될 때 문무와 무무로 쓰이며 36
인의 6열 6행으로 이루어졌다. 하지만 『고려사악지』의 기록을 보면,
국왕이 직접 제사를 지낼 때 헌가에서 추던 문무와 무무는 32인이 참
여하고 4열 8행을 이룬 사일무 형식이었다고 한다.[103]

---

103 『고려사악지』 첩70.

음악의 경우 조선 세종(世宗) 이전에는 송나라의 아악을 사용하고 조회악(朝會樂)은 당악을, 연향악(宴享樂)은 향악과 당악을 함께 사용했다. 세종 대에 이르러 만들어진 보태평, 정대업은 회례악무로 재정되었다가 1464년(세조 10)부터 종묘제례악으로 채택되어 제례악으로 쓰였다고 한다. 보태평과 정대업은 각각 11곡과 15무로 구성되어 있으며, 제례가 진행될 때 11곡이 서로 다른 악기로 연주된다.

종묘제례의 일무를 기록한 〈시용무보〉는 6개의 칸에 춤을 그려 넣은 무보(舞譜)이다. 여기에는 〈보태평지무〉, 〈정대업지무〉가 기록되어 있다. 음양의 관계를 두고 만든 이 책은 제례에서 이루어지는 춤 동작을 그림과 글로 설명하고 있다. 〈시용무보〉에 그려진 무인의 복식은 남색의 비단옷인 남주의(藍紬衣)에 붉은 띠를 두르며 오피리(烏皮履)라는 검은 가죽신을 신는다. 〈보태평지무〉의 무인은 머리에 진현관을 쓰고 〈정대업지무〉 무인은 피변을 쓴다. 『아악궤범』에 의하면 〈시용무보〉 무인의 복식은 종묘와 영령전에서 제사를 지낼 때 입었던 것이라 한다.[104]

무보에 나눠진 칸 안에는 춤사위의 움직임을 하나하나 그려 넣었다. 3칸, 2칸, 3칸, 3칸, 2칸, 3칸으로 나눈 16칸에 오음약자(五音略報)로 약률(藥律)이 기록되어 있는데 이것이 16정간 악보이다.[105]

104 이혜구 역, 『신역 악학궤범』, 국립국악원, 2001, pp115~116.
105 이종숙, "〈시용무보〉의 무절 구조분석과 현행 종묘일무의 비교연구", 용인대학교대학원 박사학위논문, 2003, p85.

〈보태평지무〉의 무절구조는 8·8·6·9와 8·8·9의 술어의 조합으로 양의 특성이며, 〈정대업지무〉는 1:1, 2:2, 3:3, 4:4, 5:5의 쌍을 이룬 구조이다.

보태평

희문, 기명[106], 귀인, 형가, 집녕, 융화, 현미, 용광, 정명, 중광, 대유, 역성

정대업

소무, 독경, 탁정, 선위, 시정, 분웅, 순응, 총유, 정세, 혁정, 영관

....

106 기명 - 於皇聖穆(오황성목: 오직 위대하고 거룩하신 목조께서) / 浮海徙慶(부해사경: 너를 바다 건너시어 경흥 땅에 옮기시니) / 歸附日衆(귀부일중: 따라드는 백성들이 날로 날로 많아지며) / 基我永命(기아영명: 우리들의 길고 긴 천명의 터를 정하셨소)

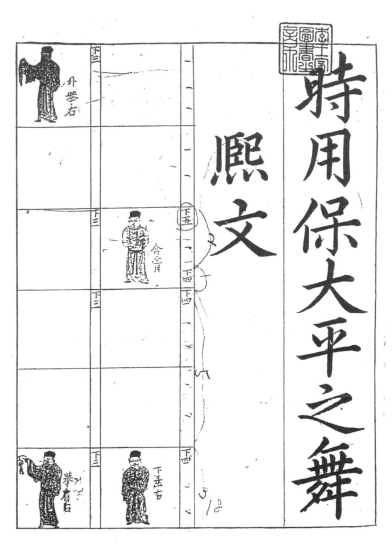

時用保大平之舞

熙文

<table>
<tr><td></td><td>下三</td><td></td><td>一</td><td></td></tr>
<tr><td>外擧右</td><td></td><td></td><td>一</td><td></td></tr>
<tr><td></td><td>下三</td><td>合手月</td><td>下五
一
下四</td><td></td></tr>
<tr><td></td><td>下三</td><td></td><td>下四
一
一</td><td></td></tr>
<tr><td>擧肩右</td><td>下三</td><td>下垂右</td><td>下四</td><td></td></tr>
</table>

시용보태평지무

시용보태평지무

보태평지무는 양(陽)의 춤으로 8, 8, 6, 9를 합한 수는 31이고 6수가 제외된 8·8·9의 성수의 무절에는 25가 쓰이며 음양 관계로 나타낸다. 이들 중 반복되는 것을 제외하면 모두 17개의 술어가 동작된다.

보태평

- **합흉(合胸)** : 상반신을 약 45°로 굽히고 두 손을 가슴 가운데에 붙이되 오른손이 왼손을 덮는다.
- **하수(下垂)** : 합흉의 자세에서 손을 아래로 내리되 몸에서 약 40° 가량 옆으로 데며, 손등은 뒤로 향한다.
- **외거(外擧)** : 하수의 자세에서 몸을 펴며 손을 차차 들어 올리되 어깨에서 약 두 치(30㎝)가량 떨어뜨리며, 손등은 위로 향한다.
- **거견(擧肩)** : 외거의 자세에서 팔을 들어 뒤로 젖히되 수평을 만들고 손등은 아래를 향한다.
- **수복(垂腹)** : 먼저 자세에서 허리를 굽히며 손을 얼굴 앞으로 둘러 아랫배에 댄다.
- **환거(還擧)** : 수복의 자세에서 다시 외거하여 거견에 이르는 동작인데, 이는 희문곡에 한하고 기명곡이 하는 모두수복에서 차차 얼굴 앞으로 팔을 든다.
- **외휘(外揮)** : 팔을 들어 얼굴 앞을 거쳐 앞으로 두르며 다리를 들었다가 내리는 동작으로, 마지막에 허리를 굽히며 두른 팔은 아랫배 쪽으로 온다.
- **점유(點乳)** : 손을 가슴에 붙인다.

- 양수거견(兩手擧肩) : 두 팔을 어깨 위로 들어 올리는 동시에 오른 다리를 들고, 두 팔을 어깨로 접어 내리며 무릎을 굽혔다가 두 팔을 아래로 내리며 허리를 굽히고 두 팔은 처뜨린다.
- 인흉(引胸) : 바로 서며 두 손을 양 가슴 앞 가까이 끌어온다.
- 양수하수(兩手下垂) : 두 손을 모아 허리를 비스듬히 굽히며 내린다.
- 양수환거(兩手還擧) : 두 손을 모아 환거를 취한다.
- 복파(腹把) : 바로 전 자세에서 두 팔을 좌우로 약 한 자가량 벌려 하수한다.
- 절견(折肩) : 두 손을 얼굴 앞으로 굽으려 짓되 팔꿈치가 들린다.
- 하견(下肩) : 두 팔을 좌우로 벌려 일직선을 만든다.
- 견파(肩把) : 두 팔을 얼굴 앞으로 점차 모아 들되 반달 모양을 짓는다.
- 할협(割脥) : 두 손을 아래 가슴에서 교차하되 주먹이 위로 향한다.
- 양수인슬(兩手引膝) : 두 팔을 높이 들어 옆으로 넘기며 한 발은 앞으로 다섯 치가량 내딛고 허리를 뒤로 젖힌다.
- 점복(點腹) : 주먹을 아래를 향하게 하여 오른손으로 왼손을 덮어 배에 붙인다.
- 사직지(斜直指) : 바로 서서 한 팔은 위로 한 팔은 아래를 가리키며 비스듬히 직선을 만든다.
- 편직지(片直指) : 사직지에서 아래를 가리키는 동작이 없다.
- 추후(推後) : 허리를 굽히고 두 손을 뒤로 붙인다.
- 추전(推前) : 바로 서서 두 손을 뒤로부터 앞으로 내어 민다.
- 좌우(左右) : 춤추는 이의 좌우를 가리킨다.

시용보태평지무

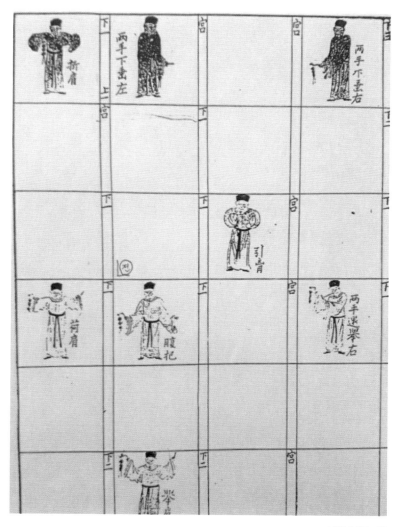

시용보태평지무

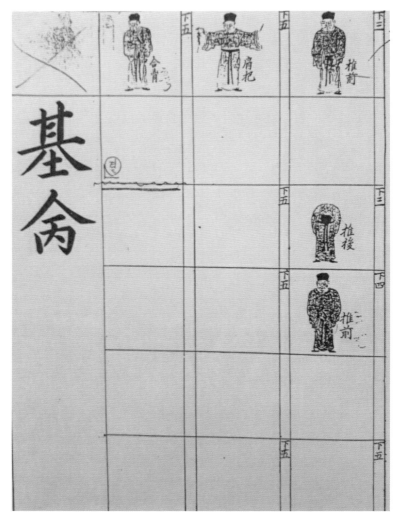

시용보태평지무

문무와 무무에 사용된 의물을 살펴보면 문무에서는 약(籥)과 적(翟)을 쥐고, 무무에서는 앞의 3열은 목검을 들고 뒤에 3열은 목창을 들었다. 문무에서 사용된 약의 기원설은 두 가지로 나뉘는데, 첫째로 약은 죽음으로 청음의 근본에 두고 이를 높이어 문무에 사용하는 것이라는 설과, 고인(古人)이 춤에 약을 붙였다는 설이 있다. 그리고 적(翟)은 일명 우(羽)라고도 하며 이것은 나무 자루 끝에 꿩 털을 뭉쳐서 끈으로 매어 달아 만든 것이다.[107]

　　정대업지무는 5:5, 4:4, 3:3, 2:2, 1:1 춤동작을 갖는다.

　정대업

- 발겁: 허리를 굽히고 칼을 든 오른손을 내리되 몸에서 약 40° 가량 앞쪽 옆으로 한다.
- 추비(推臂): 팔을 비스듬히 위로 곧게 뻗는다.
- 신비(伸臂): 팔을 비스듬히 아래로 곧게 뻗으며 그편을 본다.
- 환비(還臂): 팔을 머리 위로 둘러 다시 신비 자세를 만든다.

---

[107]　김천흥·성경린·김기수, 『무형문화재보고서 제29호』, 1966, pp31~32.

- 타견(打肩) : 쥔 칼을 들어 어깨를 치는 시늉을 한다.
- 번검(翻劍) : 칼 든 손을 구부려 어깨까지 올리되 칼이 뒤로 향한다.
- 점슬(點膝) : 허리를 굽히고 두 손을 무릎에 붙이되 그 다리는 약 다섯 치가량 든다. 양수점슬(兩手點膝)과 같은 동작이다.
- 할검(割劍) : 할협과 같으며 칼 든 오른손이 위로 온다.
- 할권(割拳) : 왼손이 위로 온 할협 자세이다.
- 절번(折翻) : 좌우 팔을 어깨에서 약 한 치가량 쳐들어 팔꿈치를 굽으려 들고 주먹을 뒤로 비튼다.
- 외파(外把) : 두 팔을 좌우로 하수하며 다시 아랫배로 두 손을 모아 온다.
- 후불(後拂) : 두 손을 뒤로 뿌리며 허리를 틀어 구부린다.
- 거휘(擧揮) : 두 손을 모아 밖으로 둘러(좌에서 비롯하면 우로, 우에서 비롯하면 좌로) 비스듬히 위편을 가리킨다(거견외휘의 약칭).
- 양수하견(兩手荷肩) : 두 팔을 모아 한 옆으로 곧게 뻗는다.
- 전수(前垂) : 두 손을 모아 앞 아래로 허리를 굽히며 내린다.
- 슬상내휘(膝上內揮) : 허리를 구부리고 두 손을 모아 무릎 위에서 안으로 둘러서면서 아래로 놓는다(오른편으로 돌리면 왼편 어깨 쪽으로 된다).
- 절견하(折肩下) : 절견과 같으나 다만 팔꿈치가 처진다.
- 복비(覆臂) : 바로 서서 두 손을 배에 교차하되 주먹이 아래를 향한다.
- 자공(刺空) : 복비 동작에서 주먹으로 하늘을 찌르는 시늉을 만든다.

- 인슬(引膝) : 두 손을 모아 무릎 쪽으로 서너 치 떼어 들되 다리는 든다.

- 복검(覆劍) : 칼 든 손을 겉으로 하여 두 손을 배에서 들었다 덮는다.

- 복권(拳) : 왼손을 겉으로 하여 두 손을 배에서 들었다 덮는다.

- 슬파(膝把) : 허리를 굽히고 한쪽 발뒤꿈치만 들어 무릎을 올리며 두 손을 모아 댄다.

- 괴좌슬(跪左膝) : 왼발은 세우고 오른발을 꿇고 앉되 두 손을 왼 무릎 위에 모아 놓는다.

- 기립(起立) : 오른손을 겉으로 하여 두 손을 배에 댄 채 허리를 펴며 일어선다. '박합흉기립' 이란 기록의 준말이다.

- 하슬(下膝) : 허리를 굽히면 한쪽 무릎 편으로 두 손을 모아 내린다.

- 점협(點脥) : 바로 서서 한쪽 허리로 두 손을 모아 가져간다.

- 환치(還置) : 앞서 동작으로 되돌아간다.

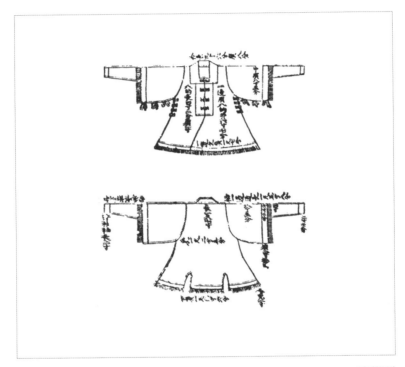

단갑(段甲)

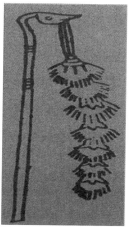

악(籥)   적(翟)   송대 〈신정삼례도〉의 적

검(劒)   창(槍)

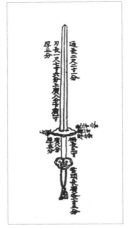

검

창

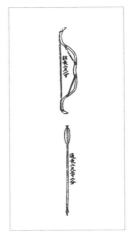

궁시

독(纛)

정(旌)

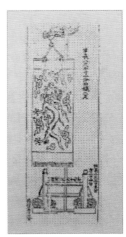

휘(麾)

오피리(烏皮履)

백포말(白布襪)

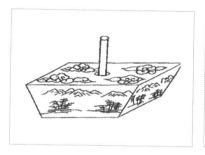

축(柷)

어(敔)

경(磬)

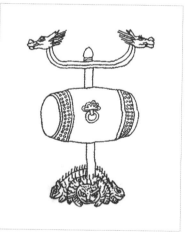

고(鼓)

시무용보의 〈정대업지무〉의 도상 :

①복파

②거견

③양수 거견(좌)

④양수 하수(우)

시무용보의 〈보태평지무〉의 도상 :

①합흉

②하수(우)

③외거(우)

④환거(우)

회례연을 위해 〈보태평지무〉와 〈정대업지무〉가 창제된 후 종묘와 조정의 행사에 두루 사용되는 일무는 우리 민족의 자랑스러운 문화유산으로 전해지고 있다. 종묘일무의 무보인 〈시용무보〉는 귀중한 자료로 그 가치는 대단하다.

3

농악·도살풀이춤 – 판굿·춤길

농악은 우리나라 민속춤 중에 가장 오래되었을 뿐 아니라 넓은 지역에서 행해지고 있는 민속놀이이다. 타악기가 주류를 이루어 꽹과리, 징, 장고, 소고 등이 합이 이루어져 장단을 만들고, 누구나 이 놀이에 참여하여 흥을 돋우고 즐길 수 있는 민속놀이이다.

우리나라는 전통적으로 농경 생활을 해 왔으며 농사의 능률을 높이고 풍년을 기리기 위해 다양한 농악을 벌였다. 그중에는 농경의식에 사용된 축원농악, 농사짓는 모습을 춤으로 표현한 노작농악, 농악인이나 두레패들이 하는 걸립농악, 농악단의 연희와 같이 공연 예술적 성격을 가진 농악이 있다.[108] 무격들로부터 시작된 농악은 농부, 승려, 농악패들로 이어져 왔으며 지역마다 조금씩 다른 특징을 보인다.

『영조실록』을 보면, 왕이 암행어사에게 농악에 대해 묻자 "들에서

일을 할 때 일하지 않는 자가 있으면 꽹과리와 북을 두드리어 사기를 올려 일을 하게 한다."라고 대답했다. 이처럼 농악은 공동체적인 연대감을 높이고 놀이나 축제의 즐거움을 더하는 예술이다.

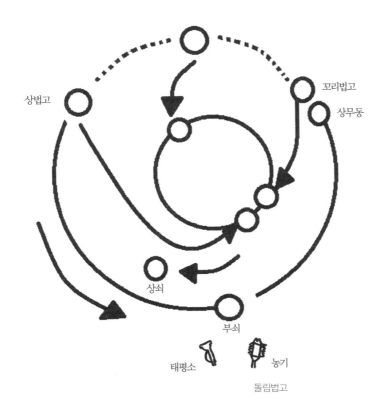

108 이찬주, 『춤-all that dance』, 도서출판 이브, 2000, p129.

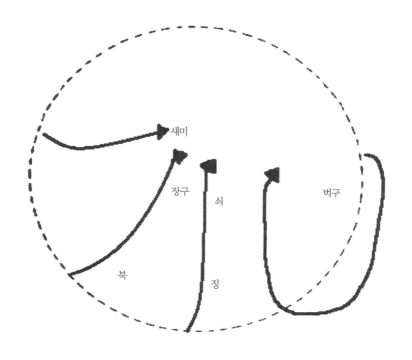

새미

장구

쇠

벽구

북

징

원형

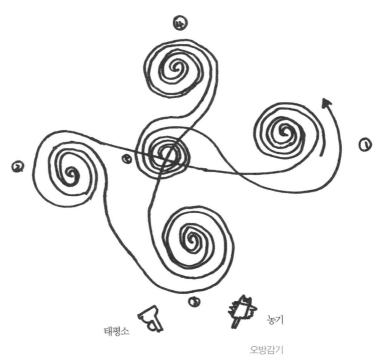

태평소   농기

오방감기

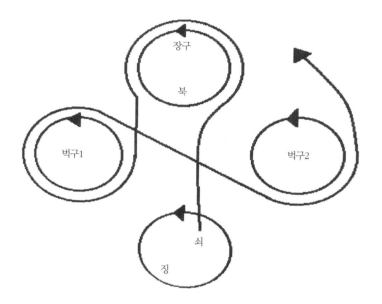

사통백이

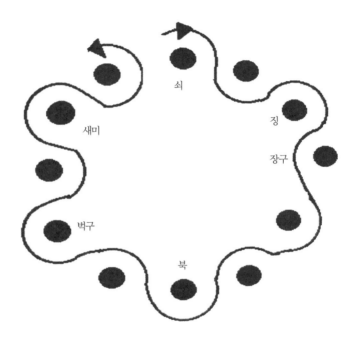

쇠
징
장구
새미
벅구
북

고사리꺾기

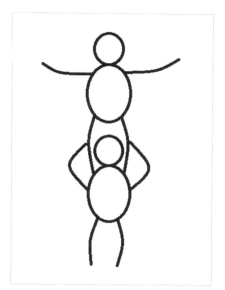

단동고리타기

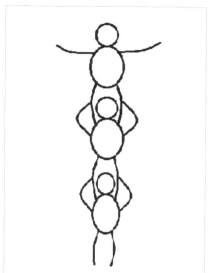

3무동타기

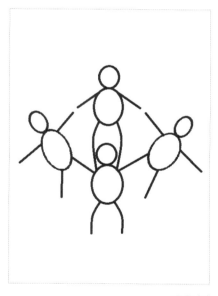

4무동타기

도살풀이춤

남도무악과 연관된 살풀이는 무속의식(巫俗儀式)에서 액(厄)과 살(煞)을 푸는 행위를 말한다. 그리고 이와 같은 의미를 지닌 도살풀이춤이 있다.

예로부터 그해의 액을 풀기 위하여 굿판을 벌이고 살을 푸는 춤을 추어 왔으므로 무속(巫俗)에서 파생된 것으로 보이나, 무속의 형식이나 동작은 보이지 않고, 독특한 무악(巫樂) 장단을 사용한다. 그래서 이 춤은 남도(南道) 무무(巫舞) 계통이라는 설이 있다.

도살풀이춤의 원형은 허튼춤이다. 도살풀이춤 무보를 춤길을 따라 살펴보았다. 긴 살풀이 수건을 뿌리며 창조된 팔 동작의 특징과 개성적인 발동작의 결합은 조화로운 맥을 이루고 있다. 노는 보법은 감정을 어르거나 푸는 연결 동작으로 자유로움을 발산하고 있다.

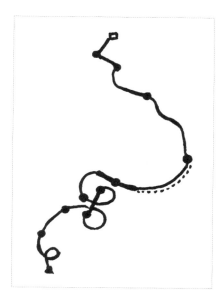

도살풀이 88장단(1~11장단)

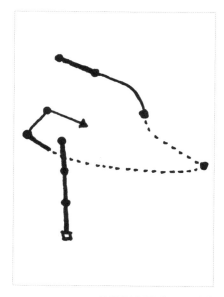

도살풀이 88장단(12~22장단)

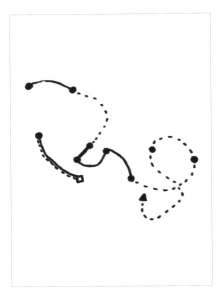

도살풀이 88장단(23~33장단)

도살풀이 88장단(34~46장단)

안무가들은 작품을 창작할 때 떠오르는 생각들을 안무 노트에 옮겨 놓는다. 그림이나 글 등 저마다의 방식으로 자유롭게 적어 놓은 내용들은 무대 이미지와 춤으로 완성된다.

안무 과정은 가장 먼저 소재를 찾고 주제를 정하는 것으로 시작된다. 그리고 주제를 표현하는 이미지와 춤 동작들을 만들어 가면서 전체 구도를 짜고, 작품 음악(악기 구성), 의상, 소품, 조명 사용 등 무대 연출을 계획한다. 안무가들은 이 모든 것을 안무 노트에 스케치하며 작품이 완성되기까지 수없이 많은 수정 작업을 거친다.

막연한 생각의 구조적 틀을 세우고 살을 붙이거나 또는 디테일한 세부 사항을 꼼꼼히 부가적으로 설명해 놓기도 한다. 그러면 하나의 춤을 적어 놓은 표기로 남는다.

앞서 살펴본 라반의 표기법을 사용하는 안무가들은 자신만의 독창적인 표기법을 첨가하여 설명하고 있다. 예를 들어 안무 노트에 점, 선, 면, 원, 삼각형, 원뿔, 화살표, 곡선 등의 기호를 이용한 고유의 표기법을 만든다. 이러한 안무 표기는 생각들을 구체화시켜 그려 보고 밀도 있게 작품으로 만들어 가는 데 도움이 된다.[109] 안무 노트는 곧 춤 현장의 이론적 틀을 구축해 가는 또 하나의 방법으로 제시되고 있다.

---

109 임학선, 『안무노트 작성법의 이론의 실제』, 2002, 대한무용학회 제33호, p115.

Document A Dance

• 제3장 •

현대
춤의 기록

PAGE FROM TCHELITCHEW'S SKETCH BOOK FOR THE TEATRO COLON, 1942. SET AND COS-
TUMES FOR **CONCERTO**, BALLET, MUSIC BY MOZART, CHOREOGRAPHY BY GEORGE BLAN-
CHINE; ALSO LOWER LEFT, COSTUMES FOR THE MUSES IN **APOLLON MUSAGETE**, BALLET,
MUSIC BY IGOR STRAVINSKY, CHOREOGRAPHY BY GEORGE BALANCHINE.

조지 발란신, 파벨 첼리채프의 무대디자인(1942)

1

현대발레 – 조지 발란신

러시아 출신의 무용수이자 안무가인 조지 발란신(George Balanchine, 1904~1983)은 발레뤼스(Ballets Russes)에서 활동했으며, 서유럽에서 미국으로 건너온 20세기 발레 안무가로 가장 큰 영향력을 발휘했다. 발란신은 러시아에서 가져온 발레 전통을 신대륙에서 발견한 미국적인 감각과 결합하여 새로운 미국적 신고전주의(American Neoclassicism) 발레를 확립하게 된다.

발란신은 고전주의 발레 원리를 기반으로 한 러시아 발레를 구축했다. 그는 19세기의 고전적 스타일을 현대적으로 재구성하였다. 여러 실험적인 접근에도 불구하고 마리우스 프티파가 남겨 놓은 고전적 전통에 대한 존경을 포기하지 않았다. 새로운 목소리를 찾기 위해 과감히 전통을 파기시킨 포킨과 마신(Massine) 같은 발레뤼스의 앞선 안무

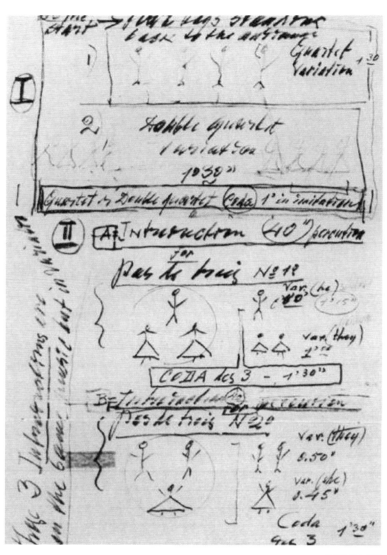

조지 발란신 〈아곤〉

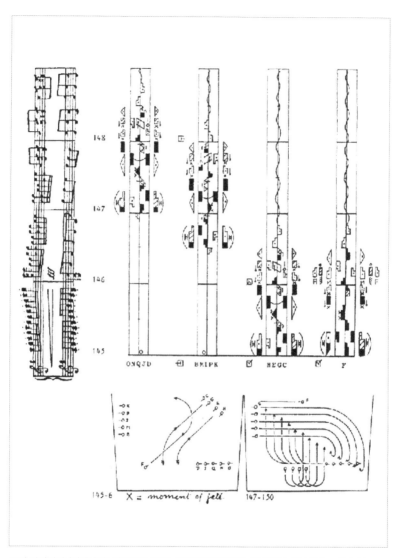

조지 발란신의 〈세레나데〉 평면도와 라바노테이션(1950)(출처: 앤 허친슨 게스트Ann Hutchinson Guest.의 『춤 표기법: 움직임 기록 과정Dance notation: the process of recording movement on paper』. London: Dance Books, 1984, p. 85.;Kathryn E. Anderson, "Body Language: Ballet as Form in Literary Modernism, 1915–1935", University of East Anglia School of Literature, Drama, and Creative Writing, Ph.D, 2014, p.9)

가들과는 달리, 그는 고전적 움직임 어휘 등 클래식 테크닉을 현대화하는 신고전주의 발레를 이끌었다.

20세기 후반, 발란신은 움직임 자체의 예술을 추구한 발레를 창작했다. 그의 파격적 발레에 충격을 받은 대중들은 '차갑고(cold)', '극적이지 않으며(undramatic)', '냉담하다(coolness)'라고 비난했다. 그러나 그는 자신의 발레에 대한 확고한 자신감이 있었다. 첫 작품 〈세레나데(Serenade)〉(1934)를 포함해 대부분의 작품들이 플롯 없이 만들어졌다. 발란신은 미국 발레단(American Ballet, 1934년)과 발레 카라반(Ballet Caravan, 1939년) 그리고 발레 소사이어티(Ballet Society, 1946년) 발레단을 만들고 새로운 안무 형태를 실험하며 미국 발레를 발전시켰다. 발레 소사이어티가 1948년 뉴욕시티 발레(New York City Ballet)로 개칭되면서 발란신은 이 발레단을 통해 자신의 미국적인 추상 발레를 완성하게 된다. 이 발레단은 19세기 러시아에서 완성된 고전적 발레와 20세기 미국 정신의 결합인 발란신 스타일을 발전시키는 매체가 되었다.

발란신 안무의 특징으로 극적인 줄거리를 없애고 정교한 연속 동작들이 이어지는 부분들을 삽입하고 공간적 디자인을 단순화시키며 리듬적 발전을 가속하여 발란신의 새로운 신고전주의 스타일을 선보였다. 그가 안무한 주요 작품으로는 〈세레나데(Serenade)〉, 〈돈키호테(Don Quixote)〉, 〈아폴로(Apollo)〉, 〈방탕한 아들(The Prodigal Son)〉, 〈한여름 밤의 꿈〉, 〈아곤〉, 〈네 가지 기질〉, 〈보석들〉 등이 있으며, 그의 안무 노트가 현재까지 남아 전해지고 있다.

2

현대무용 – 머스커닝햄

2019년 머스 커닝햄(Merce Cunningham, 1919~2019)의 탄생 100주년을 맞아 『변00.화들: 안무 노트(Changes: notes on choreography)』(1968)가 재간행되었다. 커닝햄의 안무 노트는 즉흥성과 우연성 등 그의 안무에 대한 독창적인 관점을 보여 주듯 콜라주와 비선형적으로 배치된 이미지와 텍스트들이 독특하게 구성되어 있다.

그래서 독자는 책을 사방으로 돌려가며 이미지들을 볼 수 있고, 실제 공연과 마찬가지로 작품을 자유롭게 이해하고 상상할 수 있다. 관습을 탈피한 새로운 안무 형식과 시공간과 움직임 연구에 몰두한 그의 안무 성향이 고스란히 안무 노트에 담겨 있다.

커닝햄의 무용 작품들에서 가장 뛰어난 특징은 동작의 세밀함과 다양함에 집중한 점이다. 오랜 경력을 통해 그는 무용에서 가장 중요한 것은 동작이라는 믿음을 확실히 하였다. 1951년 그는 "테크닉은 육체적 동작을 통하여 무용가의 에너지를 단련하는 것이다. 결국 그 에너지를 가장 최고의 신체적·정신적 형식으로 자유롭게 만들기 위한 것이다."[110]라고 했으며, "무용은 뭔가 에너지의 극대화를 제공한다. 그것은 다른 방법으로는 제공되지 않으며 바로 그런 점이 나를 매혹시킨다."라고 했다. 이는 춤에 내재된 감정이나 정신보다 움직임 자체를 탐구하는 커닝햄의 예술 세계를 보여 준다.

---

[110] 조앤 카스, 김말복 역, 『역사 속의 춤』, 이화여자대학교출판부, 1998, p446.

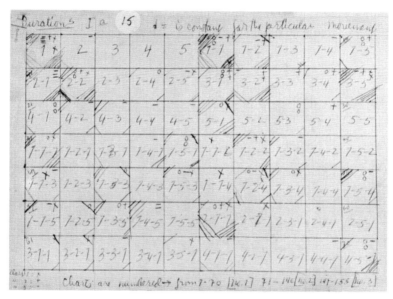

머스 커닝햄 안무 노트
(Frances Starr, Merce Cunningham 저서 『Merce Cunningham: Changes: Notes on
choreography』, 2019)

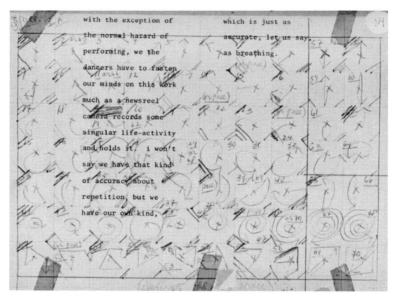

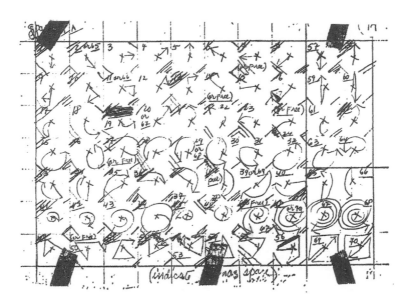

머스 커닝햄 안무 노트
(Frances Starr, Merce Cunningham 저서 『Merce Cunningham: Changes: Notes on choreography』, 2019)

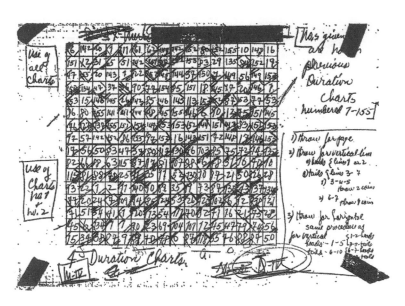

머스 커닝햄 안무 노트
(Frances Starr, Merce Cunningham 저서 『Merce Cunningham: Changes: Notes on
choreography』, 2019)

Movement Chart II C–D–E Extensions,
Drawing for the dance Suite by Chance 1952
(출처: MOMA)

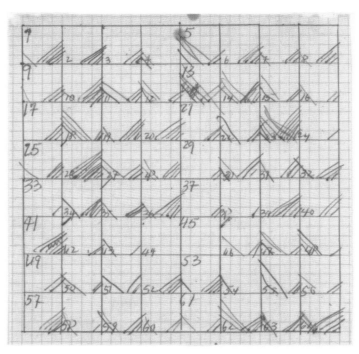

Space Chart Entrance and Exit.
Drawing for the dance Suite by Chance 1952
(출처: MOMA)

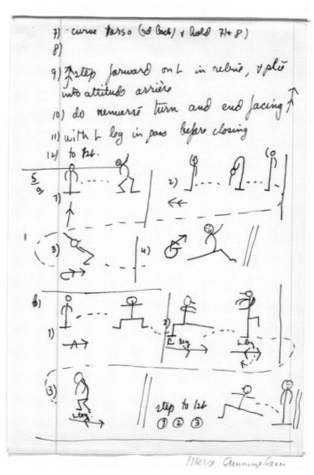

머스 커닝햄 〈Aeon〉(1961/1963) 안무 노트(출처: MOMA)

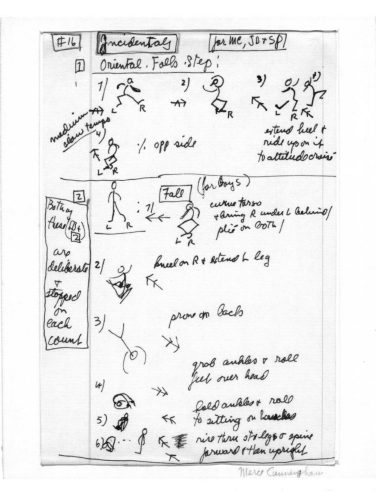

커닝햄의 〈Aeon〉(1961/1963) 안무 노트(출처: MOMA)

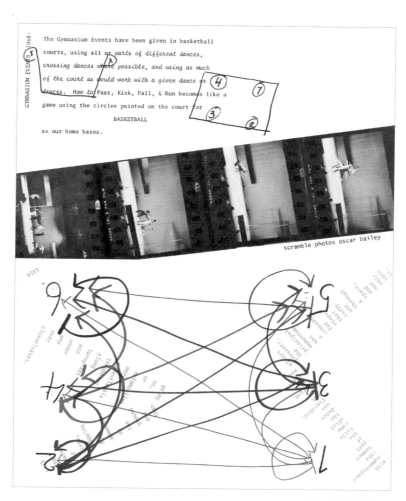

머스 커닝햄 안무 노트
(Frances Starr, Merce Cunningham 저서 『Merce Cunningham: Changes: Notes on choreography』, 2019)

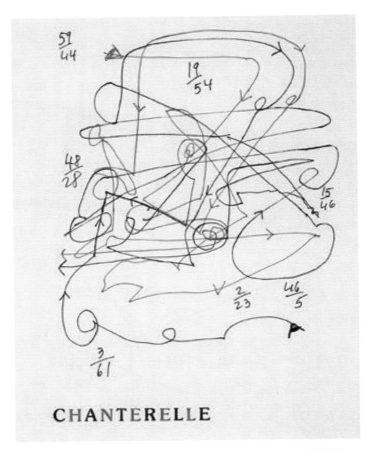

CHANTERELLE

머스 커닝햄 안무 노트

발란신과 머스 커닝햄의 안무 노트를 살펴보면서 무용 표기법 (notation)이 그래픽 기호 및 그림, 경로 매핑, 숫자 시스템 , 문자 및 단어 표기법과 같은 방법을 사용하여 춤 동작과 형태를 상징적으로 표현한 것을 알 수 있었다. 무용 표기법 시스템의 활용은 춤의 문서화 작업이 가능하고, 보다 넓은 범위에서 인간의 움직임에 있는 잠재력을 포착할 수 있다. 발레, 현대무용뿐만 아니라 민속춤까지 다양한 춤들이 무용 표기법으로 기록되고 있다.[111]

---

111 니진스카 안무 노트(Choreographic notes for Bronislava Nilinska's Les Tentations de la Bergère, 1924)

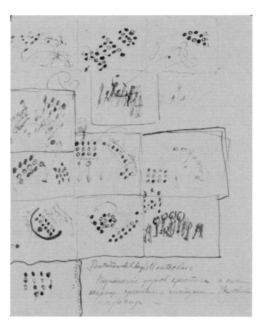

니진스카 안무 노트
(Choreographic notes for Bronislava
Nilinska's Les Tentations de la Bergère, 1924)

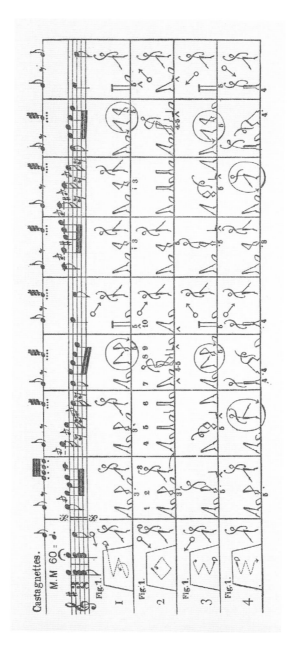

스페인의 포크댄스 〈La Cachucha〉의 안무 노트, 프레드리히 알버트 존Friedrich Albert Zorn의 안무표기법

(Excerpt from the Cachucha in Friedrich Albert Zorn, Grammar of the Art of Dancing. Boston: Heintzemann Press, 1905)

사교춤 – 왈츠와 탱고

사교춤은 16~17세기 궁중에서 귀족들의 사교를 위한 춤으로 추어졌다. 파트너십으로 이루어지는 이 춤은 2인 또는 2인 이상이 함께 추기도 한다. 사교춤은 영어로 '볼룸댄스'라고 하는데, 볼룸(ballroom)은 넓은 방이라는 뜻으로 무도회장을 일컫는다. 볼룸댄스는 사교 목적뿐만 아니라 기술로 승부를 겨루는 목적을 가지고도 있으며, 이를 댄스스포츠라 한다. 우리나라 댄스스포츠의 기원은 1905년 청나라 대사관이 개최한 무도회라고 할 수 있다.[112]

댄스스포츠 종목은 총 10가지로, 모던댄스(modrn dance)로 구분되

---

[112] 이찬주, 『춤―all that dance』, 이브출판, 2000, p219.

는 왈츠, 탱고, 퀵스텝, 폭스트롯, 비엔나 왈츠와 라틴댄스(latin dance)로 구분되는 룸바, 차차차, 삼바, 파소도블레, 자이브가 있다. 이 중 왈츠는 댄스스포츠에서 가장 먼저 추어진 춤이다.

1) 왈츠

오스트리아는 왈츠의 고향으로 '빈 왈츠' 가 유명하다. 특유의 3/4박자의 리듬에 맞춰 두 남녀가 둥그렇게 돌며 춤을 춘다. 이 춤은 19세기 유럽 사교계에서 유행했으며, 발 스텝을 발레에서 활용하기도 했다.

유명한 왈츠 작곡가로는 빈 왈츠의 아버지라고 불리는 요한 슈트라우스 1세와 그의 아들 요한 슈트라우스 2세가 있다. 요한 슈트라우스 부자의 왈츠가 화려하고 우아한 빈의 무도회장을 위해 작곡된 곡이라면, 쇼팽의 왈츠는 너무 느리거나 너무 빠르거나, 혹은 너무 격정적이어서 실제 왈츠를 출 때 연주하기에는 부적합하지만 왈츠라는 장르의 예술성을 끌어올린 곡으로 평가받는다. 이러한 왈츠는 시간이 흘러 춤곡으로 발전했다.

1904년에 영국에서 설립된 영국황실무도교사협의회(Impeerial Societal of Teachers of Dancing: ISTD)는 1924년 볼룸(Ballroom)분과위원회를 설치하여 왈츠의 테크닉과 도형을 정리하고 새로운 개정법을 발표했다. 이로써 영국의 모댄 댄스가 세계 여러 나라로 번져 나갔고, 영국은 이론과 실기를 겸비한 댄스스포츠의 중심지가 되는 계기가 되었다.

ISTD는 1980년부터 본격적으로 댄스스포츠의 국제화에 힘썼으며, 올림픽위원회 IOC에 가입하여 댄스스포츠 명칭을 공식화하고 1997년 시드니 올림픽 정식 종목으로 채택되는 데 기여했다.

댄스 스포츠 중에서 가장 먼저 추어지기 시작한 왈츠는 빠른 템포로 추는 비엔나 왈츠와 비교적 느린 템포의 슬로우 왈츠로 나뉜다. 1927년 이후로는 오늘날과 같이 방향선에 대해 항상 사선이 되도록 추는 'Diagonal Waltz', 즉 '모던 왈츠'로 개량되어 발전해 왔다.

모던댄스 5종목에 포함된 왈츠를 창안해 낸 사람은 영국의 휘리스와 빅터실베스터로 이들은 1922년 세계선수권대회에서 1등을 하였다. 왈츠의 음악은 3/4 박자로 한 소절이 3박으로 구성되어 있고, 리듬에 맞추기 위해 3보, 6보, 9보를 기준으로 구성한다. 제1보는 반드시 제1박자의 악센트에 맞추어 행해야만 한다.[113] 템포는 20~30(1분간)의 속도를 갖는다.

음악 템포는 1분간 29~30소절이 되며, 기본 리듬은 1, 2, 3이 된다. 왈츠의 동작에 있어서의 스웨이(Sway) 동작은 신체를 유연하게 띄우고 가라앉히는 상승과 하강으로 파동을 넣어 부드럽게 행하는 데 있다. 이러한 동작이 왈츠를 우아하게 추는 중요한 기술이다. 그래서 왈츠는 댄스스포츠 중 가장 우아한 춤으로 대표된다.

---

113 임혜자 외 4인, 『댄스스포츠』, 한학문화, 1999, p82.

왈츠(김세리)

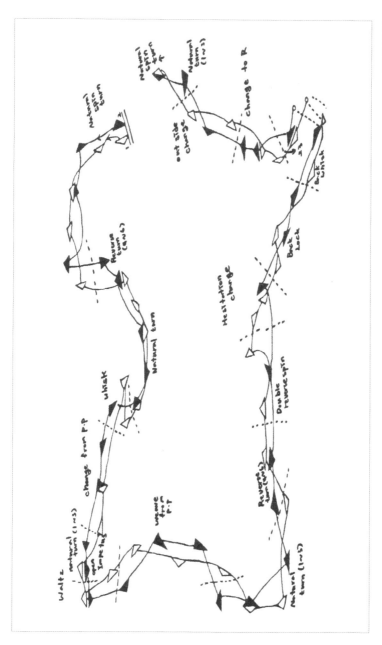

2) 탱고(tango)

탱고는 남미 아르헨티나의 동부 해안에 위치한 라플라토 팜파스의 가우초(Gaucho)족에 의해 만들어졌고[114] 영국인들이 만든 댄스스포츠의 기본 종목과는 다르게 '아르헨티나 탱고'로 현재까지 추어지면서 사랑받고 있다. 현재 탱고의 본고장은 아르헨티나의 부에노스아이레스(Buenos Aires)이다.

탱고의 기원을 살펴보면, 탱고는 아프리카의 오래된 언어에서 나왔다. 그것은 아프리카의 장소를 뜻하는 칸돔베(candombe)를 1870년인 19세기 중반 지금과 같이 쓰이기 시작했다는 설이 지배적이다.[115]

1870년에 스페인의 혼혈인 가우초의 후예 꼼빠드리토(compadrito)와 인디오와 니그로들이 탱고의 탄생에 기여한다.[116] 이들은 밀롱가를 바탕으로 탄생한 춤과 음악을 '탱고'라고 불렀다. 흑인들이 춤을 추는 장소를 부르는 데 썼던 탱고라는 용어를 콤빠드리토들은 밀롱가가 변화된 춤의 이름으로 사용하고, 탱고를 추는 장소를 '밀롱가'라고 부르기 시작했다는 것이다.[117]

에로틱한 이 춤은 부에노스아이레스의 하층계급의 소굴에서만 추어졌으나 시간이 지나면서 춤의 형태가 멋진 형태로 변화하였다.[118] 이

---

114   이찬주, 『춤—all that dance』, 이브출판, 2000, p236.

115   Simoom Collier(1997) 『tango/ : the dance the song』, the story thames & Hudson p38.

116   밀롱가는 19세기 마지막 20년 동안 부에노스아이레스 지역에 성행한 그 박자의 춤이다.

117   『Joes gobello caras y caretas』, 1920, p56.

118   『Dance in society Karl Mannheim Arboa scientla』, p191.

후 1910년경 부에노스아이레스를 방문한 파리의 흥행사들이 탱고를 발견하고 탱고를 연주하던 최고 악단과 계약을 맺고 유럽으로 데려 갔다.

유럽으로 건너간 탱고는 댄스스포츠의 10종목 중 모던댄스 5에 포함되는 일명 콘티넨털 탱고 또는 국제적 스타일(interational style)의 탱고가 되었다. 흔히들 우리가 말하는 '슬로우 슬로우 퀵 퀵 슬로우(S S Q Q S)'의 기본 리듬에 맞추어 춘다. 음악은 2/4박자의 각 박자이다. 탱고는 악센트에 맞추며 스타카토의 강세를 매력적으로 표현한 춤이다.

아르헨티나 탱고

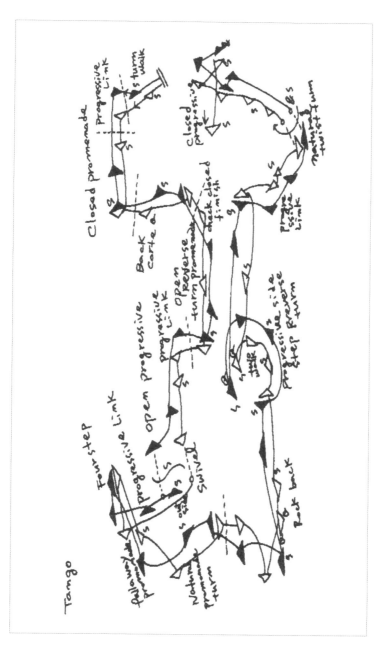

콘티넨탈 탱고와 아르헨티나 탱고, 왈츠를 배우려는 사람들이 쉽게 이해하고 익힐 수 있도록 만들어진 표기법이 있다. 이 표기법은 무도회장 바닥에 남긴 발자취를 기록한 것이다. 남녀의 스텝을 각각 분리하고 발자국은 검정색과 흰색으로, 이동 동선은 선으로 표기되어 있다.

춤의 인류학은 기본적으로 구조(structure)와 기능(function)으로 접근한다. 구조는 형식(form)의 관점에서 춤을 고찰하는 것이고, 기능(function)은 문화적 맥락에서 춤이 문화에 끼치는 영향을 고찰하는 것이다.

과거 유럽에서는 구조적 연구를, 미국에서는 기능적 연구를 선호하는 경향이 있었다. 유럽의 무용학자들은 검증된 무보기록법을 사용할 수 있었고 대개 춤에 대한 자료를 수집했다. 반면, 미국에서는 인류학자들이 문화 전반을 연구하면서 춤 자료를 수집했다.

현재 통용되는 언어를 연구하는 언어학자가 음소론적(音素論的)인 분석을 위한 발음의 기준선을 정해서 그 언어의 기본 음소(音素)의 목록을 만들 듯이, 춤 인류학자는 기능적(emic)분석을 위해 즉물적(卽物的, etic) 움직임의 기준선을 정함으로써 언어의 음소(音素)에 비길 수 있는 춤의 기본적인 움직임의 목록을 만들 수 있다.

저자는 동서양의 춤 역사와 기록물을 수집하고 안무가들의 춤 표기법과 무보들을 살펴보았다. 오랜 역사를 지닌 무보는 시간이 흐름에 따라 발전을 거듭해 왔으며, 안무가들이 기존의 춤 표기법을 활용하면서 자신만의 독창적인 표기법을 만들어 춤을 기록하고 있음을 그들의 안무노트에서 확인할 수 있었다.

무보의 발전은 앞으로도 지속될 것으로 보인다. 춤은 더욱 다양한 형태로 기록되어 무용인들과 대중들에게 유용하게 쓰일 것이다. 무보는 예술 춤이든, 민속춤이든, 생활 속의 춤이든 오락과 유희를 즐기는 데 쓰이고 우리 사회에 다양한 기능으로 활용될 만큼 우리 삶과 밀착되어 있다.

춤은 피어스의 말처럼 "세상 속의 한 사람을 둘러싼 사회적·문화적·정치적 세계라는 배경하에서 공연자, 창조자, 조망자로서 춤을 이해하는 것"이다. 이러한 점에서 무보는 일회적인 춤을 기록한 자료로서 상당한 가치를 지녔다고 할 수 있다.

따라서 우리는 춤과 관련된 기록을 보면서, 춤이 인류에게 주었던 끊임없는 춤의 탐구도 함께 엿볼 수 있다. 춤은 바라보는 관조의 감상을 넘어, 사회의 교육적 기능의 효과를 얻어 움직임을 전달해 주기 위함이 크다.

끝으로 이 책이 있기까지 책의 출간을 맡아 준 책과나무 편집부와 추천사를 써 주신 강유원 교수님, 바쁜 일정 속에서 조언과 도움의 손길을 아끼지 않은 이찬주 교수님, 자료 정리를 열심히 해 준 이희재 선생에게 깊은 감사를 드린다. 무엇보다 언제나 묵묵히 곁을 지켜 준 아내와 아들, 일본의 큰누님께 고마움을 전한다.

2021. 12. 김광범

- 강성범, "살풀이춤과 지젤에서 표현하는 정서 '한' 의 LMA 분석", 동덕여자대학교대학원 박사학위논문, 2006
- 강지민, "바르테니예프 기초 원리와 세이프 이론을 적용한 성인 발레 교육 프로그램 개발", 이화여자대학교대학원 석사학위논문, 2016
- 『고려사악지』
- 권윤방·김미자·최청자·김을교·황규자, 『무용학』, 도서출판 금광, 1994
- 김경희, 『라바노테이션』, 눈빛, 1998
- 김기석, "R.V Laban의 연구: 무용 교육에 미치는 영향", 한양대학교 석사학위논문, 1993
- 김기화, "라반 Effort 요인들의 의미 생성 구조와 여덟 가지 기본 Eeffort Action들의 정서적 기호 해석 적용 가능성 고찰", 한국무용연구, 제27권 제1호, 2011
- 김말복, 『무용예술의 이해』, 이화대학교출판문화원, 2003
- 김미자, "춤사위를 구성하는 기본동작소에 관한 연구", 부산대학교 석사논문, 2017
- 김보미, "초등학교 표현활동 수업을 위한 라반모티브 활용 방법 탐색", Asian Journal of physical education and sport science 2, 2013

- 김연정, 『한국춤연구』, 민속원, 2007
- 김은숙, "한영숙 승무와 이매방 승무 춤사위의 비교분석", 한국무용사학회, 2007
- 김은한, 『북조선 민속무용의 사적기행과 예술사상』, 인간문화연구소
- 김재리·신상미, 『몸의 움직임 읽기: 라반움직임 분석의 이론과 실제』, 이화여자대학교출판부, 2010
- 김정일, 『음악예술론』, 조선노동당출판사 중, 1992
- 김채원, 『로컬로서의 북한춤』, 공연과리뷰 103호
- 김천흥·성경린·김기수, 『무형문화재보고서 제29호』, 1966
- 김치환, 『나시족 동바문화를 찾아서 1』
- 남근우, 『한국민속학 재고』, 민속원, 2014
- 두피디아『 둥바문자[Dongba script, 東巴文字]』
- 라반, 『움직임 분석 및 기록 체계』, 대한미디어, 2004
- 라반, 『현대의 무용교육』, 현대미학사, 1999
- 모이세프, 진대유 역, 『민간무용을 논하다』, 북경예술출판사, 1956
- 모이세프(Igor Alexandrovich Moissyev), "자산계급의 무용문화를 엄격하게 비판하고 흡수하다", 북경예술, 1956.11.13.
- 『무용보의 역사와 실체: 15세기부터 현재까지의 무용보 시스템 비교』
- "바로크시대로 들어가다(Baroque goes to Present)", 막용칼럼, 2015.10.13.
- 박경숙·이찬주, 『무용제작법』, 공주대학교출판부, 2009
- 박영란, 『자모식무용표기법』, 무용기록학회 제2권
- 박종성『조선의 민속무용』, 평양문예출판사, 1991
- 백경우, "이매방(李梅芳)춤의 양식적 특성으로 본 易學적 분석: 승무, 살풀

이춤, 입춤, 검무를 중심으로", 성균관대학교 대학원 박사학위 논문, 2011

• "북한의 악기 개량", 2015.1.29.

• 삐에르 라르띠그, 한혜리 역, 『무용의 즐거움(무용의 역사)』, 삼신각, 1992

• 성기숙, "북한의 자모식무용표기법 창안배경과 실체 연구", 무용예술학연구, 제9권 제9호, 2002

• 송방송, 『한겨레음악대사전』, 보고사, 2012

• 송종건, 『무용학원론』, 금광, 1998

• 수잔오, 김재현 역, 『서양 춤예술의 역사』, 이론과실천, 1990

• 신명숙, "상형문자로 기록된 『신적년세·도신무도규정』 무보 해제", 무용역사기록학회, 2002

• 신상미, "무용학적 관점에서의 한국춤 움직임 분석 및 방법론 탐색", 한국무용예술학회, 제1권, 1998

• 아르보, 『무도기록법』, 1588

• 앤 허친슨, 신상미·전유오 역, 『라바노테이션·키네토그라피

• 유타 크라우트샤이트, 엄양선 역, 『춤』, 예경, 2005

• 윤지은, "대학무용교육에서 라반움직임 이론 교육 활성화 방안 연구", 이화여자대학교대학원, 박사학위논문, 2018

• 이덕희, 『불멸의 무용가들』, 문예출판사, 1989

• 이매방 구술, 김영희 채록연구, 『한국근현대예술사 구술채록연구 시리즈 67 이매방』, 한국문화예술진흥원, 2006

• 이병옥, 『북한무용의 이념과 동향』, 도서출판노리, 2002

• 이종숙, "〈시용무보〉의 무절 구조분석과 현행 종묘일무의 비교연구", 용인대학교대학원 박사학위논문, 2003

- 이찬주, 『승무』, 대전시청, 2017

- 이찬주, 『춤예술과 미학』, 금광, 2007

- 이찬주, 『춤—all that dance』, 이브, 2000

- 이혜구 역, 『신역 악학궤범』, 국립국악원, 2001

- 인민일보사론, 『소련 예술가를 학습하다』, 무용학습자료 제3집, 중국무 용 예술연구회편, 1953

- 임학선, 『안무노트 작성법의 이론의 실제』, 대한무용학회 제33호, 2002

- 임혜자 외 4인, 『댄스스포츠』, 한학문화, 1999

- 장인주, 1994:128–131.1999:140–144

- 장인주, "바로크 무용의 예술적 가치 재조명을 위한 역사와 용어 연구", 한 국무용예술학회, 1999

- 장인주, "서양 무용기록의 발달사", 한국무용기록학회, 2000

- 장인주, "서정비극(Tragedie lyrique) 속의 무용에 관한 연구", 한국발레연 구학회, 1994

- 전하윤, "라반 움직임 이론에 기반한 무브먼트 리터러시 교육의 의미", 이 화여자대학교 대학원 석사학위논문, 2017

- 정고운, 최정근, "전통가야금 및 개량가야금 생성과정 비판적 고찰", Vol.9 No.1 아시아문화학술원, 2018

- 정병호·이병옥·최동선, 『북한의 공연예술Ⅱ』, 고려운, 1991

- 정성우, 『대와 문학예술형태』, 사회과학출판사, 1987

- 제르멘드 프레뒤모, 양선희 역, 『무용의 역사』, 삼신각, 1990

- 『조국의 진달래』, 평양문예출판사, 1988

- 『조선예술』, 1972년 11월호

- 조앤카스, 김말복 역, 『역사 속의 춤』, 이화여대출판부, 1998
- 조하나, "인간기본경험에 따른 움직임 표현의 LMA분석", 2010
- 『중요무형문화재해설: 무용, 무예 음식편』, 문화공보부 문화재관리국, 1990
- 쫑이쉰, "신중국 건국 전후 중국 민족민간 무용의 변화", 한양대학교 박사 학위논문, 2010
- 채현경, 조선일보, 2014.5.23.
- 최승희, 『조선민족무용기본 I』, 조선예술출판사, 1958
- 페르마타의 클래식이야기, "북한의 오케스트라는 어떤 모습일까", 2019.6.17.
- 홍순학, 『기행가사집』, 신구문화사, 1976
- 황경숙, "북한 무용표기법에 관한 분석연구", 움직임의 철학: 한국체육철학회지, 제3권 제1호, 1995
- 和志式, 1991
- Ann Hutchinson, 『라바노테이션, 키네토그라피 라반』, 2004
- Chang. I-J.(1998). La danse de cour entre Orient et Occident These de Doctorat. Universite de Paris I.
- Craine. B & Mackrell, 『Oxford dictionary of dance』, New york: Oxford university press, 2010
- 『Dance in society Karl Mannheim Arboa scientla』
- Feillet. R-A.(1700). Choregraphie ou l'art d'ecriture la danse parcaracteres. figures et signes demonstratifs. paris : chez l'auteur.
- Hilton. W.(1981). Dance of court and theater : the french noble style 1690-1725.London : Dance Books LTD.

• J.B.알터, 김말복 역, 『무용의 그 실제와 이론』, 예전사, 1991

•『Joes gobello caras y caretas』, 1920

•『KBS 온라인 오피스 아름다운 통일 북한 백과』

• Laban. Importance RCSMD20

• Lancelot. F. (1996). La Belle Danse-cataloue raisonne fait en l'an
  1995. Paris:van Dieren Editeur.Rameau P.(1725). Le Maitre a danse
  Paris:chez l'auteur

• Platon, 『the laws』 664c-665a

•『Rudolf Laban. Modern Educational Dance』, London: Macdonald
  and Evans, 1948

• R.V Laban, 1969

• Simoom Collier 『tango/ : the dance the song』, the story thames &
  Hudson, 1997

•『Valerie Preston』, 1963